대한민국

韓国

近景・遠景

延恩株

論創社

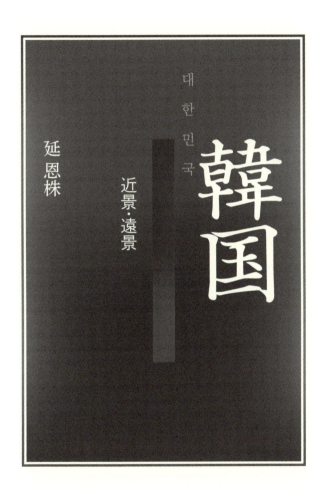

韓国——近景・遠景◆目次

❖第一章　時事・世相

❖第二章　食文化

❖第三章　生活・慣習

韓国——近景・遠景

第一章

時事・世相

1 「セウォル号」沈没から思うこと

二〇一四年四月十六日、仁川《インチョン》から済州島《チェジュ》へ向かっていた旅客船「セウォル号（세월호）」が全羅南道《チョルラナムド》珍島《ヂンド》郡（전라남도 진도군）の観梅島《クァンメド》沖海上で転覆、沈没という、韓国にとって痛恨の大惨事が起きました。この船には修学旅行中の高校生三二五人と引率教員一四人、一般客一〇八人、乗務員二九人、合計四七六人が乗船していました。

来日して二〇年余が過ぎた私にとって、韓国からのニュースでこれほど大きな惨事は記憶にないほどでした。

日本では韓国人として見られる私ですが、時たま帰国すると、周囲からは日本人とは思われないにしても、異質な韓国人と見られるようになっていて、私のなかにも「日本に帰る」という意識があるのは否めません。好むと好まざるとにかかわらず、日本の水に馴染んでしまっている私に、図らずも二方向から今回の惨事を見させることになりました。一つは、惨事そのものを知ろうとする韓国人の目。もう一つは、惨事に対する同胞たちの反応、対応を滞日韓国人として見る目でした。

第一報が入ったとき、潮の流れが複雑な海域で知られていただけに、私は潮流にやられたと思いました。ところがそのすぐあとに、セウォル号が元は日本のフェリーだったとの情報が流れ始めました。あたかも日本での建造船で、中古だったから転覆したと言わんばかりの報道に私は違和感を覚えずにいられませんでした。人命救助に全力を注がなければいけないときに、なぜ韓国ではこんなことが大々的に取り上げられるのか、私には理解できなかったのです。原因究明もまだ行われていない段階でのこうした報道に、自制を促す良識ある意見が韓国内でもあったと信じたいのですが……。ただその後、日本では耐用年数上から廃船となるような船を韓国ではさらに改造して使い続けていたことから、安全性の観点で大きな問題となっていきました。

一方、日本政府はすぐさま支援体制を決め、それを韓国側に伝えていました。残念ながら韓国政府は日本側の申し出を断ってしまいました。

なぜこうも韓国は物事をいともあっさりと決めつけてしまうのでしょう。いくら韓日関係が政治的にぎくしゃくしているからといって、こうした反応は韓日の民間レベルの交流さえ、いっそう冷え込ませてしまうのに、と思わずにいられませんでした。

そして時をおかずに、セウォル号の船長が一般乗船客に混じって真っ先に救助されていたとのニュースが伝えられました。これほどみごとな「責任放棄」はないとあきれて言葉を失うほどでした。日本の知人のなかには、私にこの船長の行為に激しい怒りをぶつけた人もいたほどでした。日本では海難事故に直面した際、船長の下船はいちばん最後という小学生でも知っている常識が守られなかったセウォル号船長の行為に我慢ならなかったのだろうと思います。

おそらく私の知人だけでなく「韓国人は何を考えているのか」と思った日本人はきっと多かったと思います。もちろんこの船長が韓国人のすべてではありませんが、私が情けない気持ちに陥ったことは確かでした。

さらには、セウォル号運行会社の実質的オーナーの雲隠れが韓国内で「無責任」と批判され、出頭要請が出たのは当然のことでした。

韓国の生活レベルが向上し、世界をリードする観のあるＩＴ産業界の発展は、韓国人である私にも嬉しいものでしたが、今回の事故で明らかになったのは経済効率優先のあまり、安全性への配慮が驚くほど軽視されてきたことでした。

一方、日本ではバスに乗車すると「バスが停車するまで座席を立たないでください」という車内アナウンスが流れます。お年寄りや身体の不自由な人たちへの配慮からです。また電車では車椅子の方や盲導犬を伴った目の不自由な方が乗車しているのをよく見かけます。こうした肉体的ハンデを持つ人びとが安心して外出し、乗り物を安全に利用できる社会が日本には定着し始め、誰もがそれを当然のように受け入れています。

韓国社会の仕組みにもっと安全性への配慮や規則の遵守《じゅんしゅ》が浸透し、徹底していれば、今回のような惨事は避けられたのではないでしょうか。

韓国はこれまで日本を目標にし、日本に追いつき、追い越せとばかりにがむしゃらに（と私には映るのですが）国を作ってきました。でも今回の事故で、何をしなければならないのか、その解答が示されたと私は思っています。

二〇一四年七月十四日現在、未だ一一名の乗船客が不明のままです。そしてこの事実から韓国（人）は目をそむけてはならないのです。

（二〇一七年三月二十三日、事故から一〇七三日目に船体が引き揚げられました。しかし依然として九名が行方不明です）。

2　教育事情と大学生

日本の学校では桜が咲く時期がおおむね入学シーズンですし、新学期のスタートになります。でも韓国では、三月にすでに新学年が始まっていて、日本より学年暦がほぼ一カ月早いと言えます。そのため韓国の大学はたいてい六月下旬で一学期の授業が終わり、夏休みに入ります。

ところで韓国では、四年制の「大学」は「大学」とは呼びません。「大学校《テハッキョ》（대학교）」と言います。「大学《テハク》（대학）」という言い方もありますが、意味が違って、大学の学部、あるいは二年制の大学、つまり日本的には短期大学や専門学校を指すことになります。したがって「○○大学校経営大学」は、日本の「○○大学経営学部」の意味となります。です

ので、名刺などに「学長」とあれば、その方は「学部長」ということになります。それでは日本で言う「学長」は？　一般的には「総長」と呼ばれます。

韓国の大学生は言うに及ばず、小学生から高校生までもよく勉強すると言われています。その大きな理由の一つは、非常に激しい競争社会になっているからです。実は私自身、日本へ来た理由の一つに、この激しい競争社会が嫌になったということもありました。

なぜ激しい競争社会になるのでしょうか。

それは日本では考えられないほどの極端な学歴社会になっているからです。韓国人の多くが競争を勝ち抜いて、然るべき社会的地位を手にする少数の選ばれた韓国人になりたい、ならなければならないという異常なほどの切迫した思いを抱いています。そのため他人に負けまいとする競争意識が強くなるのでしょう。

ですから、最近ではこうした詰め込み授業（かつて日本でもよく言われていた言葉のようですが）の弊害を危惧し、もっとのびのびと学生生活を送らせたいと、子どもを海外へ留学させる親も増えてきています。

困ったことに、こうした社会のあり方が韓国社会の隅々にまで浸透していて、子どもは生まれたときから、学歴社会、競争社会の荒波に投げ込まれてしまいます。

一般的に大学受験を目指す高校生は、授業が終わってからも、さらに学校で夜の九〜十時頃まで自習し、そのほか塾に通う生徒も珍しくありません。

受験生の間では「ＳＫＹ」とか「イン・ソウル」という言葉がささやかれます。「ＳＫＹ」とはソウル大学、高麗《コリョ》大学、延世《ヨンセ》大学を指していて、伝統あるトップクラスの大学です。また「イン・ソウル」とはソウル市内にある大学を意味しています。

一般的に大学ランクは国立、私立に関係なくソウルを中心とする首都圏の大学が上位と見られ、地方大学は軽視されがちです。首都圏の有名大学がトップで、次いで首都圏の中堅大学、そして地方の有名大学、地方の新興大学という順になっています。

ソウル周辺の大学に入学を果たさなければ、競争社会での勝者になる可能性は大きく後退してしまいます。ですから、韓国の高校生は寝る間も惜しんで勉強し、ストレスにも耐えて、学校へ、塾へ、そして家庭教師について勉強することになります。

韓国では、成績評価は相対評価が一般的で、日本のように絶対評価や、緩やかな相対評価を採用しようとする動きはほとんどありません（なお二〇一七年五月に就任した文在寅《ムンジェイン》

〔문재인〕第一九代大統領は、高等学校と大学に絶対評価導入の意向を示しています）。

したがって、おのずと競争意識が高まってしまうわけで、「学校の休暇入りが塾の開講日」と言われるのが現実です。受験生たちには学校は試験を受けに行く所、塾は勉強する所になってしまっているのです。

こうしてやっとの思いで目指す大学に入学したのですから、あとは楽勝かというと、そうはいかないのが韓国の大学生たちです。大学に入学するや、授業科目の履修で早くも受講承認を巡っての競争が始まります。インターネットからの申し込みが可能になっている大学が多く、人気授業は受付からすぐに定員に達してしまうからです。

もう一つ、日本の大学生と大きく異なるのは成績が相対評価のため、目指す一流の会社に就職するためには大学の授業をおろそかにできなくなります。日本の学生の多くが大学入学後は何らかのアルバイトをしますが、韓国の学生はアルバイトより学生の本分といえる勉強に取り組み、他の学生より少しでも成績を上位にしなければならないのです。放課後、図書館が学生で溢れるのはごく日常的光景で、これも日本の大学とは違います。

また親たちも子どもがアルバイトをするのを好みません。何よりも勉強第一と考え、十分に教育を受けさせるのが親の役目と考えているからです。親がこのようですから、子どもはおのずと親の期待を裏切ってはならないと考えがちになります。

そのため、かりにアルバイトをする場合、親には知られないようにする学生が多く、唯一、親に内緒にしないでできるアルバイトは家庭教師ぐらいでしょうか。

数年前の話になりますが、私の甥がソウル大学院在学中に家庭教師のアルバイトをしていたことがあります。担当した教科は一教科だけでしたが、週二回四時間で一カ月の家庭教師代が五〇万ウォン（日本円で約五万円ほど）でした。当時の大手企業の新入社員の月収が二〇〇～二五〇万ウォン（日本円で約二〇～二五万円ほど）でしたから、かなり高額の講師料と言えます。もっともこの金額も在籍している大学によって差があり、甥の講師料は高額だったようです。ちなみに当時のコンビニや飲食店などでのアルバイトは、時給が日本円でせいぜい四〇〇円程度でした。

借金をしてでも子どもの教育費を工面しようとする親心が、かえってあだとなる場合もあるようです。十～二十四歳の自殺率が韓国では二〇〇〇年に一〇万人中、六・四人、それが二〇一一年には九・四人に増えていて、一〇年間で四七％も上昇しています（ＯＥＣ

D〔経済協力開発機構〕統計資料による)。自殺の原因すべてが教育環境だとは言い切れませんが、十代の子どもたちにとって成績、進学、家庭問題、競争的な教育環境によるストレスが大きく関わっているのは間違いないでしょう。

このように見てくると、韓国の学生は宿願の大学入学を果たしても、超学歴社会、超就職難などが重くのしかかってくるため、日本の大学生に比べて将来への展望という点ではずっと厳しいと言えます。さらに日本と違うのは、十八歳以上の男性には約二年間の兵役義務があるということです(本書三〇頁〜参照)。

苦労して大学を卒業しても、すぐさま正規社員として独り立ちできる人はごく少数です。韓国は大学への進学率ではOECD加盟三五カ国中で一位です。でも大卒者の就職率は最下位です。韓国の一流企業では、英語のほかに第二外国語の日本語か、中国語の習得を採用条件にしているのが一般的です。三星《サムソン》などでは、英語ではTOEIC八〇〇点以上でないと相手にされないとも言われています。だからこそ必死に勉強しなければならないわけで、日本の学生にはちょっと考えられないのではないでしょうか。

韓国での就活は日本のように解禁日が定められているわけではなく、二年生あたりから始める学生もいれば、大学四年生の後期から始める人もいます。たいていは四年生の九月頃に履歴書による書類審査を受けてから面接となりますが、一回で就職が決まることなどめったになく、就活が何年も続く場合も珍しくありません。

運よく就職できても正社員として採用される人は限られていて、わずか二割程度にすぎないと言われています。日本以上に非正規社員が多く存在しています。激しい学歴社会と雇用状況の改善がないかぎり、幼稚園から始まる異常なまでの競争状況を解消することはできないと思います。子どもたちに学校は試験の成績を上げるための場所と認識され、知識の詰め込みや友だちより上位の成績を取ることを良しとする教育は、明らかにゆがんでいると言えるでしょう。

どこかでこうした韓国社会の不正常な連鎖を壊さないかぎり、生徒や学生たちに苦痛やストレスが蓄積するだけで、楽しく学ぶという環境は生まれないと思います。

日本に長く暮らす韓国人として、母国のこうした教育環境を強く憂えます。そこで大変、突飛ではありますが、こんな提案を韓国政府にしたいと思います。

☆「ＳＫＹ」は、今後一〇年間、学生募集を停止。

☆「イン・ソウル」の大学は同じく一〇年間、順番に数校ずつ学生募集を停止
ゆがんだ学歴社会を打ち壊す一つのアイデアとしていかがなものでしょうか。

3　消えた「姦通罪」

「姦通罪《かんつうざい》」と言われても、私にはせいぜいテレビドラマなどを通して、なんとなく知っている程度でした。韓国では不倫や浮気を扱ったテレビドラマが珍しくありません。夫が不倫しているらしいからと探偵に尾行させ、証拠写真を撮るとか、妻が同行して不倫現場に乗り込んで、夫の不倫相手を殴るといったシーンをよく目にします。こうしたシーンでしたら日本のテレビドラマでもあると思います。でも捜査機関の人間が不倫現場に踏み込むといったシーンは日本ではあり得ないことに、私は気がついていませんでした。韓国に「姦通罪」が存在していたからこそ描けるシーンだったわけです。

また幸いなことに、私の回りで「姦通罪」騒ぎを起こした人などいませんから、なおさら「姦通罪」と聞いてもあまりピンとこなかったのだろうと思います。また日本の方も江戸時代を舞台にした時代小説などではお馴染みの言葉ですが、やはりピンとこないだろうと思います。もちろん現在の日本には存在しない罪名であることは言うまでもありません。

でも韓国では、二〇一五年二月二十六日までこの「姦通罪」が存在していました。なんでも「姦通罪」は、東アジア諸国では韓国と台湾だけで、韓国では、一九五三年に制定されて以来、六二年ぶりに憲法裁判所で違憲とされ、即刻、廃止されたというわけです。

韓国の「姦通罪」は実は一九五三年制定以前にもあって、大韓帝国時代の一九〇五年にすでに存在していました。そして一九一〇年に日本の植民地となった二年後の一九一二年には、朝鮮刑事令が制定され、「姦通罪」は日本の刑法の規定がそのまま適用されることになりました（日本の刑法では、夫以外の男性と性的な関係を持った女性と、その相手を二年以下の懲役に処すと定められていました）。

ところが日本は一九四五年の敗戦、そして一九四七年の日本国憲法施行で、女性だけを処罰対象とした「姦通罪」は、法の下での男女平等を定めた新憲法に違反するとして廃止しました。

一方韓国では、日本の旧憲法下で存在した「姦通罪」がそのまま存続し、一九五三年になると、女性だけでなく男性も処罰対象とすることが明記されました。量刑は日本の「姦通罪」と同じく二年以下の懲役で、これが六二年間維持されてきたわけです。

韓国の「姦通罪」の画期的な点は、妻からも夫やその相手を訴えることができる点でした。しかしこれを裏返して見れば、韓国での女性の地位がいかに低かったかを物語っています。つまり女性を守るために「姦通罪」の解釈の変更が必要だったとも言えるのです。

こうした解釈上の変更は、かつての日本もそうでしたが、韓国も男性中心社会だったからでした。夫の不倫で妻が辛い思いをするばかりか、夫から離婚などを持ち出されると、手に職を持たない女性は生活できなくなってしまったからです。

「姦通罪」が合憲か、違憲か争われ始めた一九九〇年頃以前は、妻が堂々と「姦通罪」で夫や相手を訴え、応分の慰謝料を請求できるという道筋を韓国社会が明確に認めているとして、「姦通罪」は必要という認識があったと言えるでしょう。

また日本よりずっと保守的な思想が浸透している韓国では、一夫一婦制をしっかり維持すべきだと考えている人が少なくありません。それに関連して、家族という形態をしっかり守るためには、乱れた男女関係がもたらす弊害を法律によって阻止するのは当然と捉えていたことが、「姦通罪」を長く維持させてきた、もう一つの理由でしょう。

ところが一九九〇年代に入りますと、韓国社会に経済的豊かさが次第にもたらされ、連動するように個人主義的発想が台頭してきました。また女性の社会的地位が上がり始め、経済的に自立する女性たちも増加してきました。

これは多くの韓国人が〝生きるのに精一杯〟という生活から抜け出し、さまざまな価値観にも目を向けるようになってきたとも言えます。また世界の情報が瞬時に手に入れられる時代の到来は、多様で、より自由な発想が受け入れられやすくなってきたとも言えます。

こうして今でもなお根強く残る「一夫一婦制保持」「婚姻制度の保護」の主張と、これに異議を唱える「個人的恋愛の自由と私生活の秘密保護」の主張、この双方の対立が「姦通罪」をめぐる訴訟となって表面化したのだと思います。したがって、一九九〇年になって、「姦通罪」が合憲か、違憲かで争われ始めたのは、韓国という国の状況変化と、国民の意識の変化が突きつけた、時代の要請だったとも言えるでしょう。

一九九〇年と九三年の憲法裁判所の判決では、二回とも裁判官九人のうち六人が「姦通罪」を合憲、二〇〇一年では八人が合憲としました。ところが二〇〇八年では四人が違憲、一人が憲法に合致しないとしたため、初めて合憲を上回りました。ただ九人の裁判官のうち六人以上の違憲判断が必要だったため、ここでも「姦通罪」は合憲とされました。

このような判決の流れを見ますと、「姦通罪」廃止につながる違憲判断が、裁判官の間にも次第に増えてきていたことがわかります。こうして二五年間にわたって合計五回の憲法訴訟が起き、五回目の二〇一五年に「姦通罪」を違憲とした裁判官が七人にのぼり、ついに六二年目にして「姦通罪」は消滅しました。

「姦通罪」が消えたことで、法律による刑事処罰がなくなりました。自由な恋愛を望んでいた人たちには、罪人とされる恐れがなくなっただけに、大いに歓迎するところとなりました。また結婚していても配偶者以外の恋愛対象者を自由に持てると考える人も多くなるかもしれません。

でも決して不倫行為を推奨しているわけではありませんし、道徳的、倫理的な視点に立てば「姦通罪」消滅、イコール不倫への免罪符でないことは言うまでもありません。場合によっては、民事訴訟の可能性は大いにあり得るのですから。

「姦通罪」が韓国から消えて刑事的処罰がなくなっただけに、韓国人はよりいっそう自分自身を道徳的、倫理的に厳しく律する必要が生まれたと私は思っています。

つまり「姦通罪」が存続していれば、最長でも二年間の懲役刑ですべて終わったことになったのですが、これからはすべて自己責任で処理しなければならないからです。国家による法的介入の否定は、それに替わって社会からの倫理的非難やペナルティーをみずから生涯、背負わなければならないことを意味しています。

個人の自由や私生活の秘密は大切に保護されるべきです。でもそれだけでは無秩序で、利己的な社会や人間関係が生まれるだけでしょう。自己を律するとは、他者（多者）の立場に目を向け、そのなかに自分を置いて自己の存在を客観的に見つめ、そこから初めて自分の立つ位置を見定めることではないでしょうか。時には自己の欲望や願望を抑え込まなければならないとしても。

「姦通罪」が消えた韓国では、今後、結婚の形態や恋愛の受け止め方、男女交際のあり方など、さまざまな面からの論議が起きてくると予想されます。

4　直面する高齢化社会

高齢化社会と言われて久しい日本ですが、韓国もこの問題から逃れられなくなりました。言うまでもありませんが、高齢化社会とは、総人口に占める六十五歳以上の高齢者が増えた社会のことを指します。

世界保健機構（ＷＨＯ）などの定義では、高齢化率が七％を超えた社会を「高齢化社会」、一四％を超えた社会を「高齢社会」、二一％を超えた社会を「超高齢社会」と呼ぶということです。

日本は一九七〇年には「高齢化社会」となり、それから二四年後の一九九四年には「高齢社会」、そして二〇〇七年には「超高齢化社会」（二一・五％）となっていて、高齢化率はさらに上昇を続けています。

でもお年寄りがいつまでも元気で安心して生きられる社会が維持され、国が繁栄し続けるならば、それは誰もが望むところでしょうし、すばらしいことだと思います。

つい最近のことですが、私自身、高齢化社会が出現する一要因には、医療技術の進歩があることを実感させられました。と言いますのは、韓国にいる父が脳溢血で倒れたときに、その後の処置がうまくいき、多少の後遺症は残ったものの、退院できるまでに回復したからです。一昔前でしたら、父は重い障害を背負うか、亡くなっていたかもしれないのです。

でも父の突発的な事態に経済的に対応できたのは、決して国の医療制度や保険制度のおかげではなく、私たち子どもたちが経済的な面も含めて支援したからでした。子どもとして当然のことをしたまでですが、もし年老いた夫婦のみだったら、あるいは父一人だけだったらと考えると恐ろしくなりました。

残念ですが、韓国の社会保障制度や医療制度はあまりにも貧弱で、頼れるのは自分や家族だけです。ここにこそ韓国が高齢化社会を迎えるにあたっての最大の課題があるように思います。

高齢化社会になると、生産年齢人口が減ってしまいますし、生産性も落ちてしまいます。しかも収入源を持たない高齢者への社会保障費や医療費は増加の一途をたどります。さらには介護を必要とする高齢者も家族介護だけでは対応が難しくなり、社会全体で支えていくための介護費負担なども増加します。

これらを解決するためには莫大な経費が必要です。国として経費を捻出し、高齢者が安心して生きられる社会を維持しつつ、その一方で、国を繁栄させていくとなりますと、これを達成するには相当の困難がたちはだかることが予想されます。

もう一つ、厄介な問題があります。それは高齢化が進む一方で、出生率が低下している現実です。この問題でも日本は韓国より「進んで」いますが、韓国でも深刻度を増してきています。

そんな折、二〇一五年五月七日にソウル市では六十五歳以上の高齢者人口が十五歳以下の人口を上回り、一二三万七〇〇〇人余りになったとのデータが公表されました。要因として、出生率より高齢者率が高いことが挙げられていて、まさに「少子化」と「高齢化」の問題が一つとなって韓国を襲ってきていると言えそうです。

なんでも韓国の一九七〇年度以降の高齢化進行速度は、経済協力開発機構（ＯＥＣＤ）加盟三五カ国中、最速とのことです（産業研究院の分析による）。韓国の高齢化率は、二〇一三年では一二・二％で、日本より遥かに低いと言えます。でも進行速度で見ると、一九七〇年の高齢化率をもとに二〇一三年を比較すると四倍にもなっていて、日本の三・六倍より速いのです。

しかも高齢者の人口比率が七％（高齢化社会）から一四％（高齢社会）に達するまでの所要年数は日本が二四年、アメリカが七一年なのに韓国は一八年。一四％（高齢社会）から二一％（超高齢社会）に達するまでの所要年数は日本が一二年、アメリカが二七年なのに韓国は八年と予測されています。

そのうえ韓国の統計庁によると、出生率は一九七〇年には四・五三人、一九八〇年には二・六三人、一九九〇年には一・六〇人へと激減しています。事実、ソウル市では高齢者人口が十五歳以下の人口を上回ってしまったのですから、「少子高齢化」問題は短期間に一気に襲いかかってきていて、日本よりもっと深刻かもしれません。

高齢化社会を迎えた韓国で気がかりなことがあります。それは高齢者の自殺率がＯＥＣ

D加盟国中でもっとも高いのです。

高齢者の自殺動機は、病気による苦痛が最多で、第二位が経済的困窮、第三位が孤独だったそうです。次の「高齢者実態調査二〇一四年度版」（韓国保健福祉部）の数字が、高齢者の自殺動機に「孤独」があることを裏付けているようです。

高齢者が子どもと同居している割合は、全体の二八・四％（二〇一四年）で、二〇年前の五四・七％からは大きく後退しています。おそらくこの数字が回復することはないでしょう。その一方で、高齢者夫婦だけ四四・五％、一人暮らし二三・五％というように、子どもと離れて暮らす高齢者が圧倒的に多くなっています。

儒教的な考え方がまだ根強い韓国社会では、子どもが親の老後の面倒を見るのは当然と受けとめ、親もまたそのように考えている人が多くいます。でもそうした思いと現実は大きくかけ離れてきているようです。

韓国から離れている私には、こうした儒教的思考が広く韓国に根づいていたため、高齢者となったときの覚悟や、老後のための個人的な貯蓄への取り組み意識がかえって弱められてしまっているように思えます。

経済的な逼迫《ひっぱく》と孤独感は高齢者にとって致命的とも言えますし、それだけに深刻で、もはや個人の力だけでは解決できないところにまできているようです。

もう一つ気がかりなのは、国自体の高齢者を支える仕組みが日本に比べるとあまりにも立ち後れています。そして取り組み方も後ろ向きに見えることです。

国家の経済的発展、成長を最優先にしてきたギアを入れ替えないかぎり、韓国の少子高齢化問題に光明は見いだせないように思います。つまり国民を犠牲にしての国の発展や大企業の繁栄だけを考える国家運営の見直しが必要になってきています。

日本では、一九九〇年代から生産可能人口が減少を始め、経済面での飛躍的な発展は遠ざかっていきました。韓国も「少子高齢化」が襲ってきていることは述べてきたとおりです。

ＯＥＣＤはすでに二〇一二年度に韓国の経済成長率が低下し、二〇一七年度以降は二％台になると予測しています。でも実際には、二〇一五年には低成長時代に突入してしまっているようです。

国家としての経済的繁栄を最優先にする政策から、国民一人ひとりが安心できる生活に重点をおいた政策への転換をしなければならないときに来ていると思います。

そして高齢者への社会保障費や医療費、さらには介護費などの充実を実行、実現しないかぎり、韓国から高齢者の貧困率や自殺率がＯＥＣＤ加盟国中で最悪という不名誉な数字を返上することはできないのではないでしょうか。

日本は一九七〇年代以降、少子高齢化時代に突入して、バブル経済崩壊以降の経済的低迷と共に悪戦苦闘を続けています。そして韓国も間違いなく日本と同じ道をたどろうとしています。

ある意味で日本はすばらしい先生です。韓国は日本を鏡にして謙虚に、大いに学んでいかなければならないでしょう。

5　徴兵制と若者たち

韓国にはあって、日本にない制度があります。それは十九歳から二十九歳までの成人男子に課せられた「兵役の義務」です。

徴兵制は一九四五年以前の日本にもあった制度ですが、現在の日本の方、特に若い方にはまったく別世界のことでしかないでしょう。一見、平和に見える韓国ですが、韓国旅行中に突如、サイレンが大音量で鳴り出し、車が止まり、通りから人の動きが消え、制服姿の警官のような、軍人のような監視者がそここに立っているという場に遭遇したことはありませんか。毎月十五日の午後二時から実施されるこの訓練こそ、敵から攻撃を受けたことを想定し、そうした非常事態に備えるために、国民すべてが、どこにいてもこの訓練に加わることが義務づけられている、一種の軍事訓練なのです。そして、韓国人として生まれたからには、男子は一定期間、軍に入隊し、軍人としての訓練を受け、国防の任務を果たすことが義務づけられています。

それでは、日本にはない兵役の義務や毎月、国民全員が加わる軍事訓練が韓国にはなぜあるのでしょうか。

これには一九四五年、日本の敗戦によって朝鮮半島（韓半島）が解放されたあとに起きた朝鮮戦争（一九五〇年六月二十五日～一九五三年七月二十七日。韓国では「韓国戦争」「韓国動乱」と言い、開戦日にちなんで「六《ユ》・二五《ギオ》」と呼ぶことが多い）がその大きな要因となっています。

日本の敗戦後、朝鮮半島には残念ながら統一国家は生まれませんでした。一九四八年に大韓民国（韓国）と朝鮮民主主義人民共和国（北朝鮮）という分断された二つの国家が生まれてしまったからです。さらに不幸なことは、主権をめぐって暫定的な国境線となっていた北緯三八度線を越えて、北朝鮮が韓国側へ侵攻したことが、朝鮮戦争へとつながってしまったことです。

こうして三年間に及ぶ戦争は、朝鮮半島全土を戦争に巻き込み、一九五三年七月二十七日にようやく中国・北朝鮮連合軍（実際には旧ソヴィエト連邦も加わっていました）とアメリカを中心とした国連軍が朝鮮戦争休戦協定に署名することになりました。

この協定は名称からもわかりますように、あくまでも「休戦」であって、平和条約ではありませんから、実は朝鮮戦争は現在も終わっていないのです。つまり韓国と北朝鮮は戦時と何も変わらない関係のままになっているわけです。ちなみに韓国と日本との間で国交正常化を果たしたのは、一九六五年六月二十二日のことでした。

このように、韓国と北朝鮮とは戦争状態が終結していませんから、韓国では、非常事態に対応できるように国民に兵役の義務を課し、常に戦争に備えなければならないのです。

十九歳から二十九歳までの間に軍隊に入隊する期間は、おおよそ二年間です。陸軍、海軍、空軍、海兵隊などのいずれかに所属するのが一般的ですが、そのほかにもいろいろな服務形態があるため、期間にばらつきが生まれます。でもどのような形態であっても、除隊（正確に言えば、韓国の兵役法では現役から予備役《よびえき》に変わることを「転役《てんやく》」と呼びます）したらそれで終わりではなく、除隊後の八年間は「予備役」とされ、即戦力との位置づけで、有事に備えて、年に数回の訓練を受けます。その後は「民防衛隊」の隊員となります。民防衛隊員は、年に一～二度、簡単な訓練を受けなければなりません。

また先述しましたように、毎月十五日は「民防衛の日（ミンバンウィエナル 민방위의 날）」と定められていて、この民防衛隊を中心に有事に備えた訓練が行われます。

韓国では、こうして四十歳（四十歳になった年の十二月三十一日まで。ただし、民防衛基本法規定では、敵の侵攻があった場合は五十歳まで延長される）になって、ようやく兵役義務から解放されることになります。

韓国人はこの兵役義務をどう見ているのでしょうか。

十八歳になった男子は、十九歳になるまでにまず徴兵検査を受けることが義務づけられています。日本の若者の立場で考えるなら、高校卒業後、就職したり、あるいは大学生になって自分の四年間の大学生活、そしてその先にある就職を視野に入れて勉強する時期に、それが分断される形で軍人となる約二年間を人生設計のなかに組み入れなければならなくなるのです。当然と言ってはいけないのでしょうけれど、これを歓迎している韓国の若い男性はそれほど多くありません。

検査日や検査場所は本人の選択が可能ですが、拒否することはできません。徴兵検査によって一級から七級にまで判定され、一～四級対象者は三十歳の誕生日を迎える前までに入隊しなくてはなりません。

十九歳から二十九歳の間で、およそ二年間は自分のやりたいことを放棄して兵隊にならなければならないと考えただけで、女である私でもぞっとします。しかも組織としての厳しい統制が強制される軍隊生活は、それなりの覚悟が必要です。

それでも韓国人がこの徴兵制度を受け入れているのは、朝鮮半島が南北に分断され、現在も北朝鮮との間で戦争が終結していないという危機意識があるからです。ですから国を守るために国民として果たさなければならない義務と認識し、受け入れている韓国人がほとんどです。

身体や学力などいくつもの項目の徴兵検査と、本人の経歴や資格などを生かすための適性検査によって判定結果が出され、多くが一～三級の「現役（現役兵）」となります。ついで四級は「補充役（社会服務要員）」で、ここまでが入隊（入営）となります。

ちなみに五級は外国籍取得者などで、「第二国民役」とされ、有事時出動となります。

六級は兵役免除者、七級は再検査対象者です。

「現役」と判定されると服務候補として陸軍、海軍、空軍、海兵隊などがありますが、特に志願しないかぎり、陸軍に配属されるのが一般的です。海軍、空軍、海兵隊などは志願しても、選考があり、希望通りにならないこともあります。

選考ということでは「転換服務」といって陸軍、海軍、空軍、海兵隊などの軍隊ではなく、警察や消防に服務することもできます。ただし選抜試験があって、最近は非常に高い競争率となっていて、一流大学への入学試験と同じように、大変な狭き門になっています。このような現象が起きるのは、自分の意志に関係なく、たとえ数年間であっても軍隊に入隊し、厳しい訓練と任務に就かなければならないからです。徴兵制度には個人の思いと国政の方針とがぶつかり合うだけに難しい問題が潜んでいます。

韓国のお年寄りたちのなかには、自国の若者たちの国を守る気概が薄れてきている現状を嘆く人もいます。確かに北朝鮮との戦争状態は終結していませんし、非常事態に常に備えなければならないことは、韓国の現実がそれを突きつけています。一方で、韓国は経済的に発展を遂げ、国際的にも先進国として認められる国にまで国力をつけてきています。

若者の意識が変わってくるのは致し方ないことだと思います。だからこそ政府も徴兵制度を少しずつゆるめて、たとえば兵役期間を縮めたり、服務内容を増やしたり、猶与期間を与えたりしてきているのでしょう。

入隊した新兵には、最初の一カ月間は厳しい基礎訓練が待っています。覚悟しているとはいえ、この期間は一般社会からまったく遮断され、携帯電話などの私物は没収、食事や入浴時間も制限され、軍隊式の立ち方、座り方、歩き方まで規則で縛られることになります。ですから、個人主義的な考え方が浸透し、かなり自由に生活してきている最近の韓国の若者たちには、大変過酷に映るはずです。

たとえば、軍事訓練ではないのですが、頭髪は短く刈り揃えなければなりませんし、支給されるのは軍服だけでなく、下着や靴下まで決められた物を身につけなければなりません。こうした訓練の厳しさ、規則の厳格性などから、徴兵を逃れようとする若者が出てきますが、徴兵逃れにはもう一つ深刻な要因があります。いじめです。

韓国では、軍隊内でのいじめ問題が発覚して、社会問題となることはそう珍しくありません。閉鎖的で、抑圧的な空気が色濃く、鬱屈した気分に陥りがちな軍隊という特殊な社会であるからこそ、いじめも頻発するのでしょう。

二〇一四年六月二十一日、軍で一人の兵長が同僚五人を射殺、七名を負傷させて逃走し、投降説得中に自殺未遂を起こした事件は、日本でもかなり大きく報道されました。

この衝撃的な事件の原因がいじめにあったようです。兵長の遺書らしいメモによりますと、周囲の兵士たちから無視され、部隊生活が辛かったことなどが記されていたということです。その後の調査で、この兵長が仲間外れにされ、先輩兵士たちはいじめを繰り返し、後輩たちからも相手にされなかったということが明らかになりました。

それでなくても閉鎖的な組織のなかで、孤立無援となり、精神的に追い詰められていったらしいことは容易に想像できます。

この事件でもわかりますが、青春時代のおよそ二年間を軍人として生活しなければならず、信頼できる友人もいなくて、内向的な性格で心から話ができる相手がいない者には、特につらく苦しい日々に違いありません。

厳しい訓練や厳格な規則に加えて、軍隊内でのいじめが頻繁に起きているとなれば、なんとか徴兵から逃れようとするのは人情というものでしょう。

この徴兵逃れのための手段はさまざまです。ただ私がその方法について書けるということは、徴兵逃れが失敗し、不正な方法が見破られたからで、まんまと成功した人がどのような方法を使ったのかは闇の中というわけです。

合法的に兵役が免除される場合もあります。次のような条件に合えば免除対象となります。たとえば、兵役に就く本人が一人っ子で、高齢の両親を扶養しなければならず、保有財産が少額の人です。そのほか、ごく限られていますが、韓国のために貢献した人たちです。一つは、国際的なスポーツ大会などで大きな功績を残した人で、これは目に見えますから明快といえば明快です。オリンピックで銅メダル以上を手にしたり、サッカーのワールドカップで好成績を残したりした選手たちです。残念ながら日本でも人気のあるタレントやK－POP歌手などはこうした対象にはなれません。

そのほかには、優れた頭脳を持ち、韓国に大きく貢献したとされる、あるいは期待される人も免除対象者となる場合があります。でもこちらはその判断基準がスポーツほど明快ではなく、不透明感が残るのも事実です。

国外で永住権や市民権を取得した人も兵役免除の対象となります。そのため、敢えて国外、特にアメリカでの永住権を取ろうとする韓国の男性は少なくありません。もちろん身体の不自由な人や重い病気を患っている人など、兵役義務が果たせない人なども免除されます。

変わっていると言うのか、奇妙と言っていいのか、複雑な思いにさせられるのが、全身の三分の一以上に刺青した人は兵役免除ではなく、入隊が禁止されます。

当然のように、意図的に刺青をして、兵役から逃れようとする人が出てきます。このほか徴兵逃れの手段には、徴兵検査で採取した尿に薬物を入れて、腎臓疾患者と判定させたり、みずからの肉体を傷つけて障碍者となったり、国外永住権獲得などさまざまですが、宗教的な信念などから徴兵拒否（良心的兵役拒否）をして逮捕、収監の道を選ぶ人もいます。

韓国の若者にとって徴兵制度（兵役義務）は、国防が全国民の義務として位置づけられていますから、避けて通れません。でも政府は、こうした制度が若者に歓迎されていないこともよく知っています。一方で、現在の北朝鮮との現実から国防をおろそかにできないことも国民に十分に理解されているという認識もあります。韓国人がこの徴兵制度を受け入れていることがその証左でしょう。少数の違反者はいますが……。

政府は一人の違反者もなく、一定の年齢に達した若者が徴兵検査を受け、兵役に就くことを望んでいるため、さまざまな方策を取ってきています。

兵役期間の短縮や友人と一緒の入営などがそうです。また二〇一六年一月三十日からは、兵営内での受信専用で、しかも共同使用のようですが、携帯電話を兵舎内の各生活室に一台ずつ割り当て、兵士が使えるようにしました。

これまで服務中の兵士は、家族などへの連絡は、手紙や部隊内の公衆電話などを使うしかなかったのですから、たとえ受信だけとはいえ、電話とメールが携帯電話で可能になったことは、兵士たちの精神面での安定をもたらす一助にはなるのではないでしょうか。

世界的に見れば、現在、徴兵制度を導入している国は五〇カ国以上あり、縮小や廃止の方向へ進む国と復活に向かう国とがあります。しかし北朝鮮と休戦状態が続いているかぎり、韓国はこの徴兵制度を廃止することはできないでしょう。

私は韓国人として、現時点では徴兵制度を容認せざるを得ないと考えていますが、未来永劫、この制度を維持することには反対です。この制度を一日でも早く廃止するために何が必要かと言えば、答えはあまりにも簡単明瞭です。

北朝鮮との対立構造が消え去ることであり、世界のあらゆる地域に存在する対立構造がなくなることです。

誰もがわかっていることです。それにもかかわらず、この簡単明瞭なことが実現できないのも厳然とした事実です。

6　日本企業が韓国人学生に熱い視線

二〇一六年六月十八日付『朝日新聞』朝刊の経済面に「就職難の韓国人学生来て！」との記事が掲載されていました。

この記事を目にして、韓国の学生の激烈な就職戦線の状況を知っている私は、「就職難の韓国人学生」に日本の企業が熱い視線を送っていることに嬉しさを覚えると同時に、韓日の相互理解を深めることにも大変有益だと思いました。

確かに私の周囲には、知り合いの息子さんが日本で大手のＩＴ関連会社に就職していたり、兵役終了後、来日してアルバイトをしながら日本語を学び、ゆくゆくは日本での就職を考えている若者もいます。ですから、韓国人のなかには日本で生活の基盤を築こうと考えている人がいたり、また実際、日本の企業に勤めている人がいることはそれほど目新しいことではありません。でも大学新卒者を対象として、新聞記事のように日本企業側が韓国の学生に強い関心を寄せている状況は、まさにグローバル化が着実に広がってきている証拠だと思います。

この記事によりますと、日本の企業が韓国人学生に強い関心を示すのは、日本の学生が「内向き志向」なのに韓国の学生は語学力が優れ、「グローバル人材」と映るからだそうです。

日本の大学で教えている私から見ても、韓国人学生の方が英語と、最低でももう一カ国語を習得しようとする意欲は間違いなく強く、その点では日本人学生の多くがかなり劣っているようです。日本では近年、英語運用能力向上を目指して教育強化を図る大学が増えてきています。でもなぜかそれに反比例するかのように、その他の言語に対する教育が軽視されてきているように思えます。

それでは、なぜ韓国人学生がこれほど外国語習得に力を入れるのでしょうか。その理由は簡単です。厳しい就職戦線を勝ち抜くためにほかなりません。

二〇一六年五月三十一日付で日本の内閣府は、「子供・若者白書（旧青少年白書）」（二〇

一六年版）を発表しました。このなかで若年層の労働・就労状況について、特に若年層の失業問題についても触れています。

それによりますと、十五歳から二十九歳までの若年層失業率（二〇一五年度）は約五・三％でした。平均寿命が伸び、高齢化社会に対応するように定年の延長化が進み、さまざまな方面でロボットが出現し始めて、技術の発達は労働工程の効率化を急速に促してきています。結果的に若年層の労働条件と、就職状況は悪化することになります。

したがって、日本の若年層失業率は、先進国共通の社会問題とはいえ、決して低いとは言えません。ところが韓国では、韓国統計庁が発表した二〇一六年三月、四月、五月の若年層失業率は、順に一一・八％、九・三％、九・七％だったそうです。

この数字からもわかりますが、韓国の学生の就職難は、もはや個人の問題として片付けられずに、社会問題になってきています。

二〇一〇年代以降、韓国では「三放《サムポ》世代（삼포세대）」という、低賃金で、不安定な生活を強いられる階層を指す言葉が生まれました。

つまり若年層の就職難が深刻で、大学卒業後も数年にわたって就職活動を続けざるを得ない彼らは「恋愛」「結婚」「出産」の三つを諦めるしかない世代というわけです。

韓国では、大企業と中小企業との収入格差は激しく、いきおい大卒者は三星《サムソン》やLG、現代《ヒョンデ》自動車などの財閥系大手企業を志望します。中小企業が敬遠されるのは、財閥系大手企業の正社員の年収に比べて正社員でさえ六割以下、パートやアルバイトだと四割以下になってしまうからです。

こうして最近では「恋愛」「結婚」「出産」に加えて、「マイホーム」「人間関係」「夢」「就職」の七つを諦める「七放《チルポ》世代（칠포세대）」と呼ばれるようになってきてしまっています。

ところで韓国の大学進学率は七〇％を超えています。一方、日本は五〇％台にようやく届いたという状況です。韓国の大学進学率が高いのは、日本と比較にならないほどの競争社会であるため、大学に進学しないかぎり、正社員としての就職はかなり難しいという現実があるからです。それだけでなく、大学に進学しない者は、早くも人生の〝落ちこぼれ〟とさえ見られてしまうのです。しかも大学を卒業したからといって、無事に就職できるという保証はありません。財閥系大手企業などはグローバル化時代のなかで、自国の若者の新規採用を抑え、国外の優れた人材を確保しようとさえしてきています。

そこに目をつけたのが、今回の記事にあるような日本の企業です。こうした就職戦線でのグローバル化は、韓国学生の就職氷河期を少しでも救う役目を果たしますし、歓迎すべき状況だと思います。

一方、韓国側もこうした日本企業の動きを踏まえて、たとえば、韓国貿易協会などは、二〇一六年三月に就職難にあえぐ韓国の若者の日本への就職を支援する方針を打ち出しています。

韓国と日本は政治面でぎくしゃくしていますが、韓国の若者に日本での就職を促す説明会の開催などは、日本の企業、韓国の大学生、いずれにも歓迎すべきことですから、積極的に推進していってほしいものです。もっとも日本の企業が韓国の若者を採用しようとする動きは今に始まったことではありません。二〇一五年のアンケート調査で、日本の九九社の企業経営者のうち、八七・八％が「韓国の人材を採用する考えがある」と回答していました。さらに「韓国人採用時に大学または大学院を卒業した人材を優先する」と六〇％以上が回答し、語学力に定評のある韓国人の新卒者を高く評価していました。

どうやら今後、韓国人大卒者にとって、日本企業も就職候補対象として考えても良い時期が到来してきているようです。朝日新聞の記事にあった「韓国の学生は日本語も英語も堪能。社内に多様な価値観を取り入れたい」という言葉からは、日本企業がどのような人材を求めているのかわかります。ですから、韓国人大卒者もこれらの要求に応えられるように備える必要があるでしょう。韓国では、厳しい競争社会のなかで揉《も》まれて自分に少しでも付加価値を身につけようとしてきている若者が多いだけに、私は日本企業の期待に十分に応えられるだろうと思っています。

そして私が何よりも期待するのは、今回の記事の締めくくりとして記されている、就職セミナーを開いた韓国貿易投資振興公社の鄭爀《チョンヒョク》（정혁）日本地域本部長の「日本企業で成長すれば、本人も企業も相手国のことをより考えるようになる。韓日の橋渡しになる新しい人材になるのではないか」という言葉にほかなりません。

7 「未来ライフ大学」と韓国梨花女子大生の座り込みデモ

私が勤務する大学では例年通り、二〇一六年度も三週間の海外語学・文化研修があり、私は八月四日から九日まで学生の付き添いでソウルへ行ってきました。出発前に社会人教育を巡って、学生の反対運動が活発になっているという情報が梨花女子大学から入っていました。もちろん研修にはなんら支障はないということが主たる伝達内容でしたが。

韓国では梨花女子大学校《イファヨジャテハッキョ》（이화여자대학교）といえば、女子大学として名門中の名門で、この大学出身者は最高のインテリ女性と見られ、男性にとって最高の花嫁候補であり、羨望の対象となるほどです。日本でもかつてはこうした女子大学があったようですが、その

女子大の学生たちが大学当局に反旗を翻し、総長の辞任を求めてデモ活動をしているというのですから、韓国で大きく取り上げられるのも無理はないと思います。

それでは、何が梨花女子大生たちにこのような行動をとらせたのでしょうか。

梨花女子大学が「ニューメディア産業専攻」（メディアコンテンツの企画・制作）と「ウェルネス産業専攻」（健康・栄養・ファッション）の二専攻、定員一五〇人の「未来ライフ大学」を新設、二〇一七年度から新入生を受け入れるという構想を公表したことが事の発端でした。

これは高校卒業後、大学へは進学せずに就職した人でも、希望すれば大学へ入学できる仕組みを作ろうと政府が進めている、社会人対象の「生涯教育単科大学」事業を推進する役目を担うものです。

生涯教育単科大学支援事業は、教育部（日本の文部科学省にあたる）が大統領の公約事業として推進してきた「生涯教育」政策の一つです。朴槿恵《パククネ》（박근혜）第一八代大統領の「すべての国民が容易に生涯教育システムに参加でき、大学などでいつでも学習できる」という方針による教育部の重点事業でした。

二〇一八年問題と言われて久しい日本では、この年度を境に十八歳人口はもはや増加する見込みはなく（二〇一五年度で約一二〇万人）、大学進学率（現在は約五〇％）も伸びず、二〇三一年頃には十八歳人口は一〇〇万人を切るとの予測まであります。大学淘汰《とうた》の時代が確実にやってくるわけで、大学経営者たちが学生獲得に躍起になるのは当然でしょう。

日本の文部科学省（文科省）は大学を生涯教育の場とするため、あれやこれやの通達や指示を出し、大学側もそれに応えようとするだけでなく、みずから積極的にさまざまな方策を打ち出しています。働きながら学べる多様な仕組みを創出する、資格や免許の取得をしやすくする、履修証明書の発行や学位取得への道を開くなど、社会人教育、生涯教育は大学が取り組むべき当然の事業と日本ではみなされています。

その意味では、朴槿恵大統領の「すべての国民が容易に生涯教育システムに参加でき、大学などでいつでも学習できる」という方針は誰もが、いつでも教育を受けられる機会を作るという点でまちがっていないと思います。

それにもかかわらず、梨花女子大生が総長辞任要求まで掲げて、「生涯教育単科大学」事業の具体的な形を備えた「未来ライフ大学」の新設に反対しているのはなぜなのか、ということになります。

もともと生涯教育単科大学は、高卒の就業者、あるいは三十歳以上の専業主婦を含む無職者に四年制大学の「学士号」を取得する機会を与えようとするものです。

日本の大学が実施している社会人入学制度では、十八歳入学資格者と同じく、その大学が実施する入学選抜方式をくぐり抜けなくてはなりません。また入学後は一般学生と同等の扱いを受けて、社会人だからという特典があるわけではありません。

そのほかに専業主婦や中・高・老年者を対象に大学レベルの授業を行う教育組織を持つ大学もあります。一般学生と一緒に机を並べて学ぶこともあり、お互いが刺激を受けて活発な雰囲気のクラスが生まれる、となかなか評判の授業などもあります。でもこのような教育組織で学んだ人に「学士号」が授与されることはありません。文科省が定める大学卒業者としての「学士号」授与の要件を満たさないからです。

一方韓国では、国の主導で、大学へ進学せずに就業した若者や専業主婦などを、大学に別の入り口を作って入学させ、「学士号」を授与できる仕組みを作ろうとしたわけです。実はこのような仕組みを作らなければならないところにこそ、韓国が抱える深刻な問題が潜んでいるのです。

ところで、二〇一六年八月八日付『朝日新聞』朝刊の「国際面」に〝韓国マイスター高の挑戦－学歴偏重に一石、実践教育が売り〟という記事が目にとまりました。

「マイスター」とは、ドイツ語で、名人や達人、職人などを意味し、マイスター制度と言えば、ドイツが取り入れた職人の資格制度のことを言います。

この『朝日新聞』記事は「韓国政府が推進する『(韓国の空の玄関、仁川空港が位置している仁川市の仁川電子) マイスター高校』が存在感を増している。企業と密に連携して技術者の卵を育てる実践教育が売りで、就職率も高い水準だ。大学に行かなくても就職につながる道を広げるとともに、根強い学歴偏重の風潮に一石を投じる狙いがある」と記しています。

職業人を養成する高校のようですが、私が知っているかぎり、韓国は八〇年代まで商業系、産業系、実業系の高校が多くありました。

たとえば、私の義理の姉もこのような高校を優秀な成績で卒業し、韓国で大手として知られた銀行に就職しました。当時の銀行員は必ずしも大学卒ではありませんでしたし、高校卒業者でも有能な人材は多かったと言えます。ところが八〇年代半ばからは、銀行でも大学卒の採用が増えはじめ、当時、まだ婚約時代だった義姉が「最近、銀行に入ってくる男子後輩のほとんどが大学卒なので、なんだかプレッシャーを感じる」と言っていたことを覚えています。

韓国の学歴偏重と異様なまでの教育熱は、親の教育費負担と子どもの精神的負担をますます重くさせています。何を学んだかより、どこの大学を出たかが遙かに重要であり、しかも有名大学を出たからといって、望む財閥系大企業への正社員の道が保証されているわけではありません。

学歴より個人の能力を重視し、学歴偏重社会を転換させようと韓国政府が舵を切ろうとした一つの政策が「生涯教育単科大学」事業であり、『朝日新聞』記事の「マイスター高校」事業の推進だと私は見ています。

何がなんでもソウルにある名門大学へ、有名大学へという根強いブランド志向は、私から見ると異様です。なぜ自分の学びたいことを教えてくれる大学、自分がやりたいことを実現させてくれる環境を整えた大学で勉強してはいけないのかという、私がずっと抱いてきた思いにようやく政府が気づいて動き出したようで、少し安堵感を覚えます。

ただし「生涯教育単科大学」事業について、梨花女子大の対応を見ますと、金儲けに目がくらんで「学士号」の安売りを始めた、学問を捨てた、と学生たちから非難されても仕方ない面もあるようです。

これまでも梨花女子大学は他の大学より寄付金も豊かで、授業料も高いのに、私立大学としての独自性を発揮する前に政府の財政支援政策に順応しすぎていると学内外からの批判がありました。たとえば、大学人文力量強化事業により三年間で九六億ウォン（日本円で約九億六〇〇〇万円）の財政支援、年間五〇億ウォン（日本円で約五億円）の産業連携教育活性化先導大学事業の参加対象校、そして今回の生涯教育単科大学支援事業での三〇億ウォン（日本円で約三億円）などがそうです。

今回の騒動には、政府からの財政支援事業にばかり目を向け、私立大学としての建学精神や教育方針をないがしろにして、政府の好みに合わせるかのような大学作りをしているという、梨花女子大学の経営姿勢に対する鬱積していた不満が一気に爆発したとも言えるでしょう。

政府からの財政支援を受けられる事業に積極的に手を挙げるという姿勢は、私立大学の経営者なら当然と言えるかもしれません。問題は、この生涯教育単科大学支援事業では、就業者や三十歳以上の無職者や専業主婦が受け入れ対象となります。そのため授業は週末の集中講義形式やインターネット講座などをフルに活用する予定で、しかも二年半程度で卒業を可能にするという構想になっていました。

梨花女子大の在校生からすれば、選抜方式も違えば、入学も違う門からで、講義内容や授業システムも異なる「未来ライフ大学」卒業生に、難関入試を突破して入学を果たした自分たちと同じ「学士号」が授与されることは、〝学位商売〟だと映ったのです。学生たちのデモプラカードに〝卒業証書返却〟の一文が掲げられていたのも頷《うなず》けます。

また大学側が「未来ライフ大学」について、大学側としての方針をしっかり固めず、制度設計もしないまま政府の構想案をそのまま公表してしまったことも、今回の騒動の大きな要因になったと思います。

たとえば「大学への入り口は異なっても、在学中の学習レベルや成績判定、さらには進級基準は従来の梨花女子大学と同等とし、成績不振者は卒業させない」とするか、「まったく違う大学として扱い、『学士号』とは異なる卒業終了証書を授与する」といったような、政府の方針や思惑とは異なる、梨花女子大学としての毅然とした方針を示していれば、「未来ライフ大学」に対する学生たちの反発も違った形になっていたと思われます。

梨花女子大学は八月三日午前九時から緊急教務会議を開き、「未来ライフ大学」の設置断念を決定しました。しかし学生たちは、八月十一日現在、総長の辞任を要求し、依然として本館占拠座り込みを続行中です（その後、総長の辞任決定により、二〇一六年十月二十一日に学生たちは本館座り込みを中止しました）。

8　金英蘭法とは?

「金英蘭《キミョンラン》法」とは何か?　二〇一六年の秋には日本の一部のマスコミでも取り上げていましたが、日本ではほとんど知られていないと思います。

でも韓国では、かなりセンセーショナルな話題となり、その後しばらくの間、余波は続いていました。そして今になってこうした法律を定めなければならないことが、日本と韓国の社会のあり方や文化風土の違いをよく教えてくれています。

まず「金英蘭法」ですが、この呼び方は実は通称で、「不正請託および金品など授受禁止に関する法律」が正式名です。わかりやすく言えば〝腐敗防止法〟のことです。

韓国では公職についている者の不正、しかもその不正規模が半端でない事件が頻発して

いて、二〇一一年当時、国民権益委員長だった、元最高裁判事の金英蘭《キミョンラン》（김영란）が「公務員の不正な金品授受を防ぐことを目的」とした法律を立案しました。当初は「公務員の不正な金品授受」を防ぐことが主たる目的でしたから、公務員の腐敗防止法案として、一般国民からは理解、支持されていました。

ところがこの法案に対して真っ向から反対したのは当の公務員たちではなく、法務部（日本の法務省にあたる）でした。結果的に、この法案はいったん立ち消えとなってしまいました。日本では信じられないかもしれませんが、韓国では公務員が酒食の接待を受けても、もちろんその程度にもよりますが、基本的には合法とされていました。

金英蘭が二〇一一年に立案した法律では、何か事を成し遂げるために金品を使う代価性や、たとえ仕事や取引に関係なくても公務員が一〇〇万ウォン（約一〇万円）以上の金品や供応を受けた場合は、刑事罰を科すというものでした。

法務部が猛反対した理由が、「現実的ではない」というもので、この反対理由は日本でしたら受け入れられないでしょう。ただ私には法務部の反対理由が理解でき、韓国の社会的、文化的風土をよく反映していると思います。なぜなら韓国はなんと言っても接待文化社会だからです。

日本でもよく〝飲みニケーション〟などと言います。職場の上司と部下、あるいは仲間同士が人間関係や仕事を円滑に進めるために、欠くことのできない手段と見られています。ただ日本では、たいてい〝割り勘〟で、上司が多少、多めの金額を出すというのが一般的で、誰もがそれを当然と受けとめています。

でも韓国では違います。

なによりも韓国の伝統的な生活、文化風土には〝割り勘〟という考え方がありません。職場での〝飲みニケーション〟の機会は、日本よりずっと多いかもしれません。最近は仲間同士の場合、〝割り勘〟もありだと聞いたことがありますが、原則的にはその席でいちばん年長か、肩書がいちばん上の人が全額支払います。もし全額を払わないような上司ですと、部下からは相手にされなくなってしまいます。ましてや接待という名がつくかぎり、〝割り勘〟や会費制は韓国人の生活習慣からして、あり得ないことなのです。

さて問題の金英蘭法ですが、政府はいったん立ち消えになった公務員の綱紀《こうき》粛正《しゅくせい》、腐敗防止法案を二〇一三年に再度、国会に提出しました。それまでも贈収賄を取り締まる法律はありました。でも「賄賂《わいろ》」「供応《きょうおう》」の犯罪として成立するには、巨額の金銭授受や政治的、社会的な大事件に関連して金銭授受があって、しかもそれが明白だった場合に限られていました。要するに有って無きがごとき法律だったのです。

当初、この法案はすべての公務員と公企業、国公立の教職員が対象でした。ところが審議が進むにしたがって、社会に与える影響力が大きいとの理由から、マスコミ関係者、私立学校教員とその配偶者にまでその適用範囲が広げられていきました。そのうえ個人的な食事の接待や贈り物、慶弔費《けいちょうひ》にまで厳しい制限が加えられました。

つまり公務員に止まらず、一部の民間人にまで規制が広げられ、かなり徹底した規制枠が設けられたのです。なんでもこの法律の適用対象者は、国民権益委員会の推計では約四〇〇万人、およそ国民の一割近くになるようです。

それではこの法案、どのような規制を定めているのでしょうか。

公職者が一回一〇〇万ウォン（約一〇万円）、年間合計三〇〇万ウォン（約三〇万円）を超える金品や接待を受けた場合、たとえ職務との関連性はなくても処罰されることになりました。また会食費なら三万ウォン（約三〇〇〇円）、贈り物なら五万ウォン（約五〇〇〇円）、慶弔費なら一〇万ウォン（約一万円）までとされ、それ以上の金額になると処罰対象となります。違反した場合は三年以下の懲役か、三〇〇〇万ウォン（約三〇〇万円）以下の罰金が科せられます。

韓国での生活感覚からすると、定められた金額を守るのはかなり大変だろうと思います。日本の生活に慣れた私でも、贈り物が日本円で約五〇〇〇円以下、慶弔費が約一万円以下ですと、相手に精一杯のことをしようとする韓国人の精神文化では、相当〝うしろめたさ〟を感じてしまうだろうと思っています。

私は韓国に接待文化が根づいている以上、悪用されないかぎり、必ずしも悪いと決めつけられないと思っています。韓国人の精神の根底には、長い間に培《つちか》われた〝助け合いの心〟があって、そこから生まれたものなのですから。

規制対象者がマスコミ関係者、私立学校教員にまで拡大されたため、大韓民国弁護士協会や韓国記者協会などが憲法裁判所に違憲の訴えを起こしましたが、二〇一六年七月二十八日、憲法裁判所はこの法律を合憲としました。こうして二カ月後の九月二十八日に金英蘭法は施行されました。韓国はみずからの伝統的な精神文化に挑戦する新たな戦いを始めたのかもしれません。一部の巨悪を生みだす接待文化を破壊し、新たな社会習慣を建設するために。

韓国経済研究院の試算では、年間約一一兆六〇〇〇億ウォン（約一兆一六〇〇億円）の経済損失が生じるとしていますし、韓国銀行総裁も「消費にマイナス影響を与える」とし、韓国の経済活動を低下させる可能性を否定していません。それにもかかわらず、この法律を徹底させるためなのでしょう、違反した者を密告できる制度まで設けていることに驚かされます。ここには政府の腐敗防止への断固とした姿勢が窺《うかが》えます。

私は政治家や一部の特権階層の人びとが不正な方法で権力とお金を手にしてきた韓国の接待文化には常々、苦々《にがにが》しい思いを抱いてきましたから、政府が本気でこの法律を徹底させることに賛成です。

ただ一方で、韓国人が接待文化に代わって日本のような〝割り勘〟文化に転換するにはかなりの時間が必要だと思っています。

その過程で悪しき接待文化が「上に政策あれば、下に対策あり」式に、また徐々に勢力を盛り返してくるのではないかと心配になります。それと同時に、伝統的な〝助け合いの心〟に満ちた接待文化は残ってほしいと、やや矛盾するような思いも抱いています。

いずれにしても今回のこの法律、どのような効果をもたらすのか、しばらく見守っていくことにします。

9　カンガルー族

カンガルーなら誰でも知っている動物ですが、「カンガルー族（캥거루족）」となりますと、日本の方は首をかしげられると思います。

でも出産後、自分のお腹の袋に赤ちゃんを入れて、かなり大きくなるまで育てるカンガルーの姿を思い浮かべますと、なんとなくイメージが湧くかもしれません。

いつまでも親の袋から抜け出さない子どもたち、それが韓国での「カンガルー族」です。もちろん親から離れられない理由があり、かなり深刻な社会問題が根底にあります。

この言葉が使われ始めたのは二〇〇四年頃からで、事態は改善するどころか、ますます「カンガルー族」が増えてきています。

朴槿恵《パククネ》（박근혜）大統領が二〇一八年二月の任期満了前の辞任表明に追い込まれ、二〇一七年三月十日に罷免されましたが、直接的な要因は崔順実《チェスンシル》（최순실）との関係だったことは周知の事実です（本書七九頁〜参照）。でも隠れた要因の一つとして、経済運営で成果が上がらず、国民の間に不平、不満がたまり続けていた点も見逃せないでしょう。ただすべて朴大統領の責任に転嫁されてしまったのはお気の毒と言うしかないのですが。

「カンガルー族」という言葉の出現時期をみても、経済的な停滞は朴大統領就任よりもかれこれ一〇年以上前であったことがわかります。特に近年では若者の失業率が一〇％を超え、「ヘル朝鮮（地獄の朝鮮）」などという言葉が流行語となってしまう経済状況への不満が崔順実事件で一気に爆発したようです。

このように「カンガルー族」とは、若者の雇用問題と直接結びついています。大学を卒業しても就職できなかったり、雇用されても親元から独立できるほどの収入が得られない若者の増加が、こうした言葉の出現につながりました。つまり「カンガルー族」とは、経済的、精神的に親に頼ってしまう若い世代を指す言葉と言えます。

こうした状況に追い込まれる若者たちを「カンガルー」と表現したのは韓国が最初では

なく、フランスだったようです。韓国よりも六〜七年ほど早く、一九九八年にマスコミで取り上げられ、「カンガルー世代」と呼ばれたようです。ところがフランスでは二〇〇一年に親元から独立しようとしないタンギーという息子と両親の葛藤を描いた映画『タンギー』が話題となり、その後は「カンガルー世代」に代わって「タンギー」が使われるようになっているようです。

ついでに言えば、「カンガルー族」と似た社会現象は韓国の専売特許ではなく、アメリカでは「トウィックスター」、イギリスでは「マミーズボーイ」、ドイツでは「ホテルマンマ」と呼ばれ、就業率低下、経済力不足で親と同居する若者たちが世界的に存在しています。

日本も例外ではありません。「パラサイトシングル」がそれです。

〝パラサイト〟は〝寄生〟を意味しますから、「パラサイトシングル」とは、学業を終えて社会人となっても親と同居して生活を支援してもらう独身男女を意味します。

総務省統計研修所研究官室の西文彦、菅まりの報告「親と同居の未婚者の最近の状況その5」（財団法人日本統計協会『統計』平成十九年二月号）によれば、日本では一九八〇年の二十〜三十四歳までの親と同居の未婚者の割合は二九・五％でしたが、一〇年後の一九九〇年には四一・七％と急増しています。このなかには大学生も含まれますし、生活費をきちんと親に渡している人もいるでしょうから、すべてが「パラサイトシングル」の範疇には入りません。でも、それを差し引いても「パラサイトシングル」は相当の数に上ると考えられます。

同じく西文彦「親と同居の未婚者の最近の状況　その十」（二〇一三年四月九日／二〇一五年十一月十七日訂正）では、親と同居の若年未婚者の実数は二〇〇三年の一二一一万人をピークに次第に減少しています。ところが割合をみると、二〇〇三年↓四五・四％、二〇〇七年↓四六・七％、二〇一二年↓四八・九％と増加しています。日本でも「パラサイトシングル」が相当数にのぼっていることがわかります。

ただ韓国の「カンガルー族」と日本の「パラサイトシングル」には、若年層の貧困化、就業困難化が同様にありますが、捉え方に違いがないわけではありません。

一九九七年に「パラサイトシングル」と名付けた山田昌弘によりますと、「学卒後も親に基本的生活を依存しながらリッチに生活を送る未婚者」で、「親に家事を任せ、収入の大半を小遣いに充てることができ、時間的・経済的に豊かな生活を送っている」という枠組みもあるからです。要するに家賃無料、光熱費無料、家での食費無料、さらに洗濯・掃除も親頼みというわけです。

一方、韓国の「カンガルー族」の一部には、日本の「パラサイトシングル」と同様の若者もいると考えられますが、大半は独立したくてもできない若者たちです。二〇一五年八月十三日に韓国職業能力開発院が公表した「カンガルー族の実態と課題」によりますと、親から何らかの経済的支援を受けている大卒者のうち、五一・一%が「カンガルー族」だというのです。職業能力開発院が二〇一〇年八月と二〇一一年二月に卒業した二年制・四年制大学卒業者一万七〇〇〇人を対象に、彼らの卒業後の二〇一二年九月時点で調査した数字ですので、現在はさらに増えていると思われます。

このうち

親と同居、小遣い受け取り　↓　一〇・五%
親と同居、小遣い無し　↓　三五・二%
親と別居、小遣い受け取り　↓　五・四%

となっていて、こうした「カンガルー族」の四七・六％が正規職就業者、三四・六％が非就業者、一四・七％が臨時就業者、三・一％が自営業でした。「カンガルー族」のうち、約三五％が働く場を持っていないことがわかります。一方で、半数近くが正規職につきながら賃金が低く、自活できないことを示しています。

自分の望む職業に正社員として雇用されたと回答した人が一九・五％にすぎず、しかもそのような人でも「カンガルー族」にならざるを得ないところに、韓国の雇用問題が潜んでいるように思います。

韓国からの留学生が「日本ではたとえアルバイトでもしっかりやれば生活できるのに、韓国では絶対に無理です」と私に言ったことがあります。確かに雇用の機会を増やし、質を上げないかぎり「カンガルー族」は韓国から消えないでしょう。そればかりか最近では、結婚してからも親と同居する「新カンガルー族（신캥거루족）」が増え始めています。

韓国保健社会研究院が二〇一六年二月十六日に発表した報告書「家族の変化に伴う結婚・出産行動の変化と政策課題」によりますと、既婚の子どもが親と同居する世帯数は、一九八五～二〇一〇年の二五年間に四・二倍に増加したそうです。その大きな理由は、家賃が高すぎて結婚しても独立できない、共働きの夫婦が両親に子どもの面倒を頼むためなど、「カンガルー族」とは異なる要因も加わってきているようです。

このような「カンガルー族」や「新カンガルー族」を減少させる政策が是非とも打ち出される必要があります。ただ気になる問題点が韓国社会には潜んでいるように思います。それは高学歴社会で、しかも幼い頃から有名大学、有名企業を目指す意識が強く、その実現だけを目指しすぎているように映る点です。

日本では、大学進学率がようやく五〇％（短期大学を除く）を超えたばかりです。自分の好きな勉強をし、自分の好きな職業に就く人も少なくありません。なにがなんでも有名大学に入り、有名企業に入社しようと考える人はむしろ少数だと思います。ですから、どのような職業であろうと他人の目など気にせず、自分なりの考えで行動する人も多いように思います。

でも韓国では、高学歴であるためにアルバイトなどできないと思ってしまう人や、親からすれば高学歴の我が子がアルバイトをするなど情けないと思ってしまう傾向があります。子どもは親に恩返しをしようとの思いが強く、親はそれを期待しているからこそ、就職するまで面倒を見ようとする意識がいっそう強くなるようです。もし他人の目がなかったら、おそらく自分の考え、価値観に忠実に行動するし、親も子どもの自由に任せるのではないでしょうか。

私から韓国の若者たちに是非、伝えたいのは「肩の力を抜いて、他人の目を気にせず、自分の価値観を大切にして、自分の好きな事に取り組んでください」ということです。

10　韓国の専業主夫

『家事をする男たち』、これは二〇一六年十一月から六回シリーズで、韓国で放送されたテレビ番組です。この番組が日本でも、ＫＢＳワールドの国際放送で二〇一七年二月十日から放送されてちょっとびっくりしました。その理由は、人気男性タレントが家庭（奥さん）のために「主夫」となって、家事に取り組むというバラエティー番組ですが、それがほとんど時をおかずに日本で放送されたことと、「主夫」を積極的にアピールする番組だったからです。

日本では「イクメン」という言葉が、現在では違和感なく受け入れられているようです。「イクメン」とは、それ以前から使われていた「イケメン」（「魅力的」を意味する〝イケてる〟と、顔を意味する「面」、あるいは英語で男を意味する「men」との合成語）をもじった言葉ですが、最初、この言葉を知ったときには頭がこんがらかって、よく理解できなかったことを覚えています。「育児」と英語で男を意味する「men」を合成して、「積極的に子育てをする男」が「イクメン」というわけです。

ついでに言えば、この「イクメン」、二〇一〇年の新語・流行語大賞の第一〇位に入っていました。日本では二〇〇九年に改正された育児・介護休業法が施行されたり、二〇一〇年には男性の育児休業取得促進を図るため「イクメンプロジェクト」が動き始めたりと、社会全体が「イクメン」への認識度を急速に高めていったことが、流行語大賞一〇位につながり、日本の人々に受け入れられたのでしょう。

ところでこの「イクメン」と似たもので、最近は「主夫」という言葉もときどき見かけます。漢字だからこその文字遊びがあって、私は大変面白いと思っています。韓国ではハングルですので文字遊びはできず、「主夫」に相当する表現は、「男性専業主婦（ナムソンチョノプチュブ　남성전업주부）」、あるいは「専業夫（チョノプナムピョン　전업남편）」などが用いられます。ちなみに韓国に「イクメン」という言葉はありません。

この「イクメン」、仕事内容としては「主夫」の一部になっていますが、「主夫」とはイコールではないでしょう。なぜならこれまで一般的に使われてきた「主婦」と完全に逆転したのが「主夫」で、仕事内容は育児だけではないからです。そのためでしょうか、韓日両国とも実態として「主夫」は確かに存在していますが、言葉としては「主夫」「男性専業主婦」「専業夫」、いずれもまだ市民権は得られていないようです。

冒頭に紹介しました韓国のテレビ番組は、目新しさを狙ったこともあるでしょうが、「主夫」となっている男性が韓国社会に増えてきている現実を反映していると思います。

これを証明するように、二〇一七年一月三十一日、韓国の『中央日報』は、韓国での「専業主夫」が二〇一六年には一六万一〇〇〇人に達し、家事に一五万四〇〇〇人、さらに育児も行っている者が七〇〇〇人だったとの記事を掲載していました。

この記事によりますと、二〇〇三年に「主夫」は一〇万六〇〇〇人で、その数は二〇一〇年まで増加し続け、二〇一一年から減少に転じたとのことです。ところが二〇一五年からふたたび増加し始めて、二〇一六年には示したような数字に達し、二年間の増加率は二四%だったそうです。

それでは「専業主婦」の数はどうかといいますと、

二〇一三年　七二九万八〇〇〇人

二〇一四年　七一四万三〇〇〇人

二〇一五年　七〇八万五〇〇〇人

二〇一六年　七〇四万三〇〇〇人

となり、こちらは確実に減少傾向にあります。

「主夫」数が減少傾向にあった二〇一一年から一四年の三年間でも、「主婦」数は減り続けています。

これらの統計だけで何らかの結論を出すのは困難ですが、韓国の経済的な停滞による就職困難者、非正規社員の増加といった社会的背景があるのは予想がつきます。また二〜三十歳台の高等教育を受けた女性たちの社会進出が増加し、男性を凌《しの》ぐ待遇を得る女性も増え、家庭に入ることが遅れたり、ためらう女性の増加も一因としてあるようです。一方、三十歳台後半〜五十歳台の女性は夫の収入だけでは教育費、住居費などの生活費が不足し、働き場所を求めて、社会進出をしていたからだと推測されます。ただし仕事をする女性が増えてはいますが、雇用条件や仕事の質が良いとは言えません。

「主夫」の増加と「主婦」の減少は必ずしも連動しているとは言えないようです。ただし妻が家計を助ける程度のパートやアルバイトではなく、正社員になりますと、夫が家事の一部を分担する「兼業主夫」につながっていかざるを得ないでしょう。そのためには夫に理解と協力する意志があるという条件がつきます。そうでないと、家事・育児の分担をめぐって両者に不平、不満が溜まり、やがては「離婚」にまでつながりかねません。

ただ私の周囲の男性たちを見るかぎり、「兼業主夫」と言えるかわかりませんが、それなりに家事を手伝っているようです。私の兄も弟も食事のあと片付けは自分の役割と思っているようで、韓国の高齢者に多い伝統的な家父長意識が若年層になるほど薄らいできているのは確かなようです。

一方で、気になることが二点あります。一つは、「専業主夫」に違和感を覚えない男性が大学生を中心に増えてきていることです。男女平等観から「男は外で働き、女は家を守る」にこだわらなくなった意識の変化が一因としてあるのでしょう。それ自体は悪いことではないと思います。

ところが一年半ほど前に実施された、ある結婚紹介所の調査では、母数は小さいのですが、およそ七〇%の女性が「専業主夫」に反対していました。おそらくこの傾向は現在も変わっていないと思われます。これが二点目です。

私は「専業主夫」となるには、やはり能力が必要だと思っています。食器洗い一つにも細かな配慮が必要でしょうし、ましてや育児となればなおさらでしょう。私は決して家父長制支持者ではありませんが、男性が外でバリバリ仕事をこなす姿を〝かっこいい〟と思う方ですから、家に一日中いて家事をする男性を想像しますと、あまり魅力を感じません。

社会変動や経済状況の変化が社会の仕組みを変えていくのは当然ですし、考え方や意識もそれにつれて変わっていくものだと思います。女性の社会進出、社会的地位の向上、一家を支えられる収入など、いずれも現在、韓国の女性たちが徐々に手に入れ始めています。ただ「専業主夫」「兼業主夫」を維持していくには、夫婦間だけで解決できるというほど事柄は単純ではないでしょう。「専業主夫」や「兼業主夫」が一般名詞として日常使われるようになるには、社会全体でこうした形態の夫婦や家族を抵抗なく受け入れる素地を作り上げることが先決でしょう。そう考えると、道のりは平坦ではないようです。

日本には一九五〇年代末から一九六〇年代に「エプロン亭主」という言葉があったとのことです。エプロンをつけて料理を作る夫を指していたもので、仕事を持った男性が料理を作ったり、家事をしたりすることが珍しかった時代でも、家事・育児に追われる妻を助けようとしていた夫たちがいたことを教えてくれます。

「主夫」「兼業主夫」を否定しませんが、そこに至るためには、まず働く女性（妻）の気持ちに寄り添って、男性のできる家事を背伸びせずに手伝うことから始めるのが良いのではないでしょうか。一家の収入を夫か妻のいずれかが得ていても、二人の協力無しに家庭を保つことなどあり得ないのですから。

夫婦がお互いに相手をカバーし合う思いやりの精神があれば、いつの日か「専業主夫」に反対する女性の割合も減っていき、働く女性への支援体制も充実していくに違いありません。私は是非そうなってほしいと願っています。

11　梨花女子大学総長退陣要求運動から思うこと

私は前に「『未来ライフ大学』と韓国梨花女子大生の座り込みデモ」という一文を書きました（本書四八頁～参照）。しかしその後、梨花女子大学の騒動は一国を襲う激震の前兆にすぎなかったのかと思えるほど、私の予想を遙かに超えるものとなりました。

梨花女子大学総長の退陣どころか、朴槿恵《パククネ》（박근혜）大統領が二〇一七年三月十日に憲法裁判所から大統領罷免《ひめん》を認める決定を下されてしまったのですから。

ところで、梨花女子大学学生による総長退陣要求運動とその後の一連の動きを追ってみますと、韓国の権力構造と大衆運動の様相が日本とはかなり異なっていることが見えてきます。どうやら大統領罷免にまで至ってしまった韓国という国の体質にもつながる、共通した基盤があるようです。

そこで梨花女子大学騒動に沿いながら、なぜこのような問題が大学という場で起きたのか考えてみようと思います。

一つの大きな要因として、日本の大学と違って韓国の大学には「教授会」というものがないことが考えられます。

国立大学にはそれでも「教授会」はありますが、非公式組織です。公式組織は評議会で、最高の意志決定機関です。私立大学での最高意志決定機関は理事会と財団です。つまり教える側の意見や考え方は、かなり制限されているのが一般的です。そしてどの大学も総長が強大な権限を持っています。

私も仕事の関係から、いくつかの韓国の大学総長とお会いしてきましたが、どの大学も日本とは比べものにならないほど大きくて立派な総長室がありました。そして必ず秘書団と言っていい、役割分担をしているらしい多くの秘書が控える部屋が総長室に隣接して置かれていました。そのほか大学首脳部が使う会議室も総長室の近くにあるのが一般的でした。

どこの大学でも秘書室長らしい人物がいつでも指示を受けられるように、常に総長近くにいました。そして一つのミスも犯してはならないといった緊張感を漂《ただよ》わせていて、総長の権限が強大らしいことが私のような外部の人間にも窺えました。

韓国の大学には「教授会」はないと書きましたが、「教員会」のような組織を置いている大学はあります。ただしその場合でも、構成員は教授だけということがほとんどです。ですから、教員の意見が職位に関わりなく、公平に反映される機会や場はほとんどないと言っていいと思います。

日本の大学では教授、准教授、専任講師（あるいは助教）で構成される「教授会」の承認を得ないで大学を運営することはかなり難しく（特に教学面）、梨花女子大学の「未来ライフ大学」設置に絡んだ問題なども日本の大学だったなら……とつい思ってしまいます。

もっとも日本では、特に国立大学に対して文部科学省は学長の強いリーダーシップを発揮させる目的から、二〇一四年に「改正学校教育法及び国立大学法人法」を成立させました。

これによって、教授会は大学運営について決定する機関ではなくなり、学長の諮問機関と位置づけられました。さらに教授会は学生の入学、退学、卒業、学位授与などの教育、研究に関わる事項についてだけ、審議、決定するという限定化が図られました。

わかりやすい例が教員の人事でしょう。これまでは多くの大学で教授会の承認を得さえすれば、決定が覆ることはほとんどありませんでした。現在は名実《めいじつ》ともに最終決定権者は学長になっています。ただし「学校教育法」の方は、「国立大学法人法」とは異なり、国立大学だけでなく私立大学にも及びます。各私立大学による独自の判断が加わりますので、一概には言えませんが、教授会の権限を教育、研究面に限定している大学が多くなっているようです。

韓国の大学は日本とは比較にならないほど学長の強いリーダーシップによって運営されています。つまり日本の文科省は、学長の強いリーダーシップを発揮させて、懸案事項を速やかに決定し、実施させようと、いわば韓国的な大学運営の推進を目指して二〇一四年に舵《かじ》を切ったと言えるかもしれません。

そのようなとき、皮肉なことに伝統と格式、学力レベルで韓国随一の梨花女子大学で今回のような総長退陣要求運動が起きました。ただ私は最高峰と見られている、難関大学の梨花女子大学だからこそ起きた事件だったと思っています。事実、政府の支援事業となった社会人大学構想（本書四八頁〜参照）は、梨花女子大学だけでなく複数の大学でも設置に動いていたのですから。

今回の梨花女子大学の総長退陣要求運動の先頭に立ったのは教員ではありませんでした。「未来ライフ大学」という主に社会人を対象とした単科大学の新設に疑問を抱いた学生たちでした。彼女たちの運動には当初、政治的な色合いはほとんどなかったと思います。

学生たちが問題にしたのは、厳しい受験戦争を乗り越えて、ようやく名門中の名門の梨花女子大学に入学したのに、政府の主導で高卒で就職した者への門戸開放、生涯学習に対応した組織新設が、梨花女子大学のレベルを下げてしまう、という危機感からでした。学生たちの強い「エリート意識」「名門意識」があったがために起きた反対運動だったのです。

もう一つの要因としては、総長をはじめとする大学首脳部が、学生たちの要求運動を甘く見ていた可能性があります。強い権限を持つ総長の上意下達《じょういかたつ》方式は、大学運営の揺るぎない方針となっていました。しかも大学教員たちが「未来ライフ大学」を容認していたという自信から、学生の反対運動も抑え込むことができると判断したのでしょう。

二〇一六年七月二十八日に学生が学内デモを決行し、大学本館を占拠して座り込みを始めると、二日後の七月三十日には、すぐさま学生たちに監禁された教職員を救うという名目で、一六〇〇人もの警官を学内に入れて、一気に鎮圧しようとしたことが、それをよく物語っています。

また大学首脳部は学生たち（卒業生も含む）の「卒業証書返還要求」の意味もあまり深く捉えなかったようです。つまり学生たちの「エリート意識」「名門意識」が想像以上に堅固だったことへの配慮に欠けていたと思います。学生たちには高校卒業後、職業人となった人びとを安易に入学させるシステムが大学の金儲け主義と映り、伝統ある梨花という〝花園〟を土足で踏みにじる、大学首脳部の暴挙と映ったのです。

日本とは比較にならないほど、小学生時代から過酷とも言える受験戦争に勝ち抜いてきた学生たちだけに、明確な〝区別化〟は譲れなかったのでしょう。ただ私はややもすると、傲慢《ごうまん》な〝差別化〟につながる危険性も潜んでいると思っているのですが……。

総長以下大学首脳部にとって、大学の安定的運営の確保は、なんといっても最重要課題ですから、政府の財政支援事業に大いに魅力を感じるのは当然です。一方、学生たちからすれば、大学の授業や教授陣、さらに大学としての伝統、気風、価値観といったものの方が大事であり、その一員である誇りを守りたかったはずなのです。

さらに今回の騒動を大きくした要因は、大学校舎占拠の学生二〇〇人ほどに対して一六〇〇人もの警官を投入して、社会から「過剰鎮圧」の声があがったことでしょう。その結果、大学首脳部の予測を完全に覆《くつがえ》して、火に油を注ぐ結果となりました。

きっかけは「未来ライフ大学」でしたが、〝サイレントマジョリティ〟として、鬱積《うっせき》されてきた大学の政策に対する不満を、多くの学生たちが一気に爆発させてしまったのです。「未来ライフ大学」の撤回と総長辞任を求める学生たちの活動は賛同者を一気に増やし、デモ参加者も増え続け、八月三日には崔京姫《チェギョンヒ》（최경희）総長が計画の撤回表明に追い込まれました。でもこの時点では、総長自身の辞任は回避できると考えていたようです。

ところが当初の問題にさらなる火種が投げ込まれることになりました。それは朴槿恵大統領と個人的に強い関わりのあった崔順実《チェスンシル》（최순실）氏の国政介入事件に絡んで、彼女の娘である鄭《チョン》ユラ（정유라）氏が梨花女子大学に「入学や単位で特別な待遇を受けていたのでは」という疑惑が一気に広がり始めたからでした。

この疑惑は彼女が梨花女子大学体育教育科の乗馬特技生として合格したときからすでにくすぶり始めていたことでした。しかも合格時に、彼女は「能力がないなら自分の親を恨め。金も実力だ」とSNS（Social Network Service）に書き込んでいたことが改めてネット上で拡散し、学生たちを激怒、硬化させる形になってしまいました。

こうして総長批判は、単に「未来ライフ大学」設置反対運動だけでなく、不正入学、そして特別待遇を許した総長の責任追及、真相究明要求、更により強固な辞任要求へと広がっていきました。学生たちの態度硬化は八月二十六日の後期卒業式で、登壇した総長に「総長辞任」の声を投げつけ、総長が祝辞を述べられなくなるほど、場内が騒然となってしまったことに象徴的に現れていました。

十月に入ると、さすがに教員たちも次第に声を上げ始めるようになりました。そして十月十九日午後三時半から不正入学、特別待遇疑惑に対して一〇〇人規模の教員による総長解任要求の集会が開かれることが事前に告知されました。これは梨花女子大学開学以来、初めてのことでした。大学側はその二日前の十月十七日に鄭ユラ氏の入学には特別な待遇はなかったと発表し、総長の辞任はないとしていましたが、十月十九日、教員集会が開かれるおよそ一時間半前に崔京姫総長がついに辞意を表明するに至ったのでした。

二〇一六年七月末からの梨花女子大学紛争を追ってみますと、確かに学生たちは排除すべき対象を排除することに成功したと言えるようです。でもそれで終わってはいけないのでしょう。

次の文章は二〇一七年三月十二日の『中央日報』（日本語版）に掲載された、朴槿恵《パククネ》大統領に罷免の決定が下された際の社説ですが、その一部分は今回の梨花女子大学の紛争にも当てはまる点があるように思えて仕方ありません。

「こうした運命を事前に防ぐ機会が十分にあったというのもまた事実だ。聞く耳を持ち世論をもう少し慎重に聴取して従っていたならこうした衝撃的な政治的・司法的悲劇はいくらでも避けることができただろう。（中略）大きな問題はこれからだ。朴前大統領の不幸な前轍を踏まないためには再び法治に失敗した大統領が出てきてはならないだろう」。

「国民」を「教職員・学生」、「朴前大統領」を「崔京姫前総長」に置き替えて読めば、教職員、そして学生たちが今後、それぞれ何に取り組むべきかが見えてくるようです。

12　第二次中東ブーム？

二〇一五年三月、朴槿恵《パククネ》大統領（当時）がクウェート、サウジアラビア、アラブ首長国連邦（ＵＡＥ）、カタールの「中東四カ国」を訪問しました。

その訪問には三星《サムソン》電子、現代《ヒョンデ》自動車などの民間企業からも一〇〇人以上が同行しました。これだけでも韓国が「経済」面での四カ国との関係強化と、今後の貿易の活発化を狙っているのは明らかです。なんでも中東の建設市場だけでなく、保健医療や金融、製造業、それにＩＴ関係、住宅などでの市場開拓と拡大を目的としていたとのことです。

この中東四カ国歴訪が成功だったと言えるまでには、もう少し時間が必要でしょう。でも政府は二〇一五年五月に「第二次中東ブーム」と名付けた戦略を発表したほどですから、中東ビジネスにかける意気込みが窺えます。

なぜ「第二次中東ブーム」なのかといいますと、朴槿恵大統領の父親の朴正熙《パクチョンヒ》（박정희）大統領が一九七五年、中東の建設市場への進出を推進したことで、一九七三年に起きたオイルショックから立ち直り、一躍、韓国人の目が中東に注がれた時期があったからです。ちなみに現在、韓国と中東との関係は良好で、アラブ首長国連邦のドバイに建設された二〇六階建ての世界一の高層ビル「ブルジュ・ハリファ」は、韓国の三星が建設したものです。

韓国では、二〇〇九年頃を境にして、中東地域からの観光客が増加し始めているのは確かです。それには韓国文化への関心が高まっていたことが関係していました。たとえばアラブ首長国連邦では、二〇〇〇年代半ば頃から「私の名前はキム・サムスン」「チャングムの誓い」「ごめん、愛してる」などの韓国ドラマが放送され、高い視聴率を上げていました。イランでは「チャングムの誓い」が大人気で、韓国語ブームを引き起こしたほどでした。

一方、一九九三年にスタートした、日本で言えば大学入試センター試験にあたる「大学修学能力試験（修能）」では、二〇〇〇年実施の試験からは英語以外の「第二外国語」が導入され、ドイツ語、フランス語、スペイン語、中国語、日本語、ロシア語の六科目での試験が始まり、日本語選択者が圧倒的多数を占めていました。

ところが、二〇〇五年からアラビア語と漢文が追加されると、アラビア語受験者が次第に増え始め、二〇〇九年には日本語受験者数を抜いてしまいました。ここには日本語に比べるとアラビア語の問題が易しいという理由もあったようですが……。

現在は二〇一三年から加わった基礎ベトナム語とアラビア語が一、二位を占め、三位に日本語、四位中国語の順となっています。

このように韓国の学生にとってアラビア語が遠い国の言語ではなくなっていて、このあたりは日本とはかなり様子が異なっているようです。

韓国文化観光研究院が面白い調査結果を発表しています。それは二〇一四年に韓国を訪問した外国人一万二〇〇二人を対象に、韓国で使った一人当たりの金額を調査したもので、最も多くお金を使ったのが中東地域からの観光客で、三〇五六ドル（約三七万六〇〇〇円）だったそうです。彼らの人気商品は衣類で、購入物品全体の六二・九％を占めていました。

もっともこれは複数回答のようですが。

ちなみに二〇一四年、韓国訪問の観光客として全体の約四三％を占めて観光客数第一位だった中国人は、二〇九四・五ドル（約二五万円）で二位、日本は観光客数としては全体の一六・一％に激減し、しかも使ったお金も九九九・一ドル（約一二万円）ほどで最少だったそうです。外国人観光客が韓国で使った一人当たりの平均金額が一六〇五・五ドル（約一九万円）だったそうですから、日本人観光客の財布のひもは相当固かったということでしょうか。

中東諸国の観光客がこれほどお金を使ってくれるとなると、こうした国々の観光客に目が向けられていきます。そして表現は悪いのですが、いかに中東諸国の観光客にお金を使わせるかに関心が向くのも当然でしょう。

ですから、文化観光研究院関係者が、中東からの観光客は整形や美容、健康、治療などの目的が多いのだから、中東地域を対象にした医療観光博覧会の開催や観光客誘致のマーケティングを行う必要があると言うのも頷《うなず》けます。

ただし中国人や日本人のように、同じ「箸文化」を持つ人びとを迎えるのとは大きく異なってきます。それは彼らがイスラム教徒だということです。経済効果だけに目を向け、韓国政府は「第二次中東ブーム」などといって経済面での活性化だけを狙っているように私には映るのですが、果たしてそれだけでいいのでしょうか。イスラム教徒を迎えるホスト国としては、アルコール禁止、豚肉禁食、一日に複数回の礼拝という厳しい戒律を守るムスリムへの真摯《しんし》で、適切な対応が求められているのです。

異なる宗教、異なる文化や習慣を持った人間同士の交流や、文化の違いを乗り越えた融和を作り出すのは、そう簡単ではありません。お互いに相手をより正しく理解しようとする努力が求められるからです。お金儲けだけを優先するかぎり、息の長いお付き合いは難しいでしょう。ですから、観光客や留学生を迎え入れ、しかも韓国へ来てよかったと思ってもらえるようになるのは、実はそう簡単ではないのです。しかも厄介なのは、ムスリムにとってハラールは共通の事柄ですが、世界のムスリム国間で、ハラール認証に関する見解が一様でないことです。

つまり一つの国のハラールマークのついた商品が他のムスリム国で受け入れられるとはかぎらないのです。これまで何度かハラールの世界統一基準を作ろうとしましたが、すべてうまくいかなかったのはそのためです。結局はムスリム一人ひとりの判断に任せるしかないのでしょう。

私には日本に住むエジプト人の友人がいますが、彼女との食事では少なくともハラールについては、かなり緩《ゆる》やかだと感じています。一方、日本のスーパーマーケットで缶詰のラベルを真剣に繰り返し見ているムスリムの人を目にしたこともあります。つまりハラールの認証を受けたからといって、すべてのムスリムに適合するわけではないという認識すら、韓国ではまだまだ薄いように感じられます。

現在、世界のムスリム人口は約一九億人と言われていますが、韓国を訪れたムスリム観光客は二〇一四年までの累計で約七五万人となり、この五年間では、約一九%ずつ増えているそうです。

でも中東を含めたイスラム教国からの観光客が増加していることを単純に喜んでばかりはいられないようです。なぜなら韓国に留学中のアラブ人留学生のほとんどが、韓国にハラールフードが少なく、外食ができないからです。そればかりか豚肉以外の肉でも、食べてよいか表示がないため食べられず、結果的に不本意な食事制限をせざるを得なくなっているようです。またメッカに向かっての礼拝は生活の一部であり、一日に何度も行わなければならないのに、モスクがあまりにも少ないといった不満の声もあがっています。

でも私はこうした批判より、韓国の少なくない若い世代に誤解や差別意識があることこそ、大きな問題だと思っています。イスラム教やイスラム文化、習慣への認識不足があるのはやむを得ませんが、伝統や文化の違いがあり、だからこそ理解を深めていこうという意識を持たないかぎり、たとえ中東やその他のムスリム国からの観光客や留学生が増えても、結局はブームはブームとして終わってしまうのではないでしょうか。

韓国政府が「第二次中東ブーム」を起こそうとしていることに反対するつもりはありません。でも経済的活性化を狙うなら、なおさらイスラム教やイスラム教徒の生活、習慣、伝統について（多様で単純ではないはずです）、国民への「啓蒙」活動こそ、真っ先に実践されなければならないでしょう。

「急《せ》いては事をし損じる」こんな言葉が日本にはありますが、朴槿恵大統領にそっとこの言葉を耳打ちしたくなりました。

13 生年月日修正申告増現象

ここ数年、韓国では、自分の生年月日を修正申告する人が増えてきています。

しかもこうした人びとには一つの特徴があります。それは一九五七年生まれとして登録されている人たちが圧倒的に多いのです。日本でもまれにあるようですが、韓国のこのような事例はおそらく皆無《かいむ》だろうと考えられます。いったい韓国では何が起きているのでしょうか。

この謎解きには、まず韓国の定年制度について見ておく必要がありそうです。企業に勤めた者が一定の年齢に達したら会社を辞めなければならない定年制度は韓国にもあります。ただし日本とは違って、あくまでも六十歳定年は「努力義務」でしかないのです。そのため実際の定年は五十二～五十八歳位だといわれています。

その理由は、自主的な判断による退職が当然という考え方が浸透しているからです。退職を考え始める時期には、個人差があるようです。いちばん多いのは、職場の空気を感じ取って、自分から退職を申し出るパターンです。それ以外では、辞める年齢は上司や先輩を見習って決める、あるいは昇進の可能性がない、なども理由のようです。さらに後輩のために席を譲るということもあるようで、韓国の若者の厳しい就職難を反映しているとも受け取れます。

いずれにしても定年年齢が明確に定められていないがために起きる、〝哀《かな》しき会社員〟の姿が浮かび上がってきます。

日本では戦後、一九四七～四九年に急激な出生者数の伸びを示した時期がありました。第一次ベビーブームと言われる現象で、これらの人びとは「団塊《だんかい》の世代」と呼ばれています。この世代の人たちも今や七十歳前後になっていて、多くが定年退職し、年金生活に入っているはずです。実は韓国でも同様のベビーブームが起きた時期がありました。

日本の植民地支配が終わり、ようやく独立国家として歩み始めるかに見えた朝鮮半島は、東西冷戦の主戦場と化してしまいました。朝鮮戦争（一九五〇年六月〜一九五三年七月）によって国土は荒れ、人びとの生活は混乱しました。まがりなりにも戦火が止んだのは一九五三年七月でしたが、朝鮮半島は南北に分断され、休戦状態のまま現在に至っています。

一方、朝鮮戦争後、荒廃した国土を立て直そうとする機運が生まれ、一九五五〜一九六三年の間に出生者数が大きく伸びました。韓国でのベビーブーム到来の時期でした。この期間に誕生した人口は約七三四万人と言われていますから、韓国総人口の約一五％近く（韓国の総人口はほぼ五〇〇〇万人）を占めています。

一九五五年生まれの人は二〇一八年に六十三歳に、そして一九六三年生まれの人でも五十五歳になります。先述しましたように、韓国での暗黙の定年年齢が五十二〜五十八歳ですから、韓国版〝団塊世代〟も、ほぼ定年の年齢になるか、近づいていて、年金生活に入り始めている人も少なからずいるはずです。彼らは日本の団塊世代と同じく韓国の高度成長を支え、世界との経済競争のなかを生き抜いてきただけに、自立意識が強いとも言われています。つまり老後は子どもたちの世話になるという韓国人の一般的な考え方を排除し、自分のことは自分の力で、可能ならばいつまでも家族の支えになろうとする気持ちが他世代より強いと言われています。

ところで、韓国政府は二〇一三年四月三十日に、労働者の定年を延長する「雇用上の年齢差別禁止および高齢者雇用促進法改正法」を国会で可決、成立させました。これまでは努力義務だった六十歳以上の定年を義務化するというもので、この改正法の施行が二〇一六年となっていました。ただし従業員三〇〇人未満の企業は二〇一七年からです。

そしてこの定年延長法の成立に伴って、韓国の国民年金の受給開始年齢が段階的に引き上げられることにもなっていました。二〇三三年からは、すべて六十五歳から受給開始となります。この間、一九五三〜一九五六年生まれの加入者は六十一歳、一九五七〜一九六〇年生まれは六十二歳、一九六一〜一九六四年生まれは六十三歳からというように四歳刻みで、一九六九年生まれ以降の人は六十五歳にならないと国民年金を受給できないことになりました。

これが定年延長、あるいは早期年金受給を目的としたと思われる、生年月日の修正申告増が起きている理由です。ではなぜ一九五七年生まれと家族関係登録簿（二〇〇八年に戸主を基本とする戸籍制度が廃止され、個人を中心とした制度に改められました）に記載されている人の修正申告が多いのでしょうか。一九五七年生まれの人は二〇一五年で五十八歳になります。あくまでも平均的な統計の数字で、絶対的数字ではありませんが、五十八歳は韓国の定年年齢の上限になっています。

一方、二〇一六年一月一日から六十歳以上の定年が法律によって義務づけられます。つまりこの法律がなければ、一九五七年生まれの人は、二〇一五年十二月三十一日で、しぶしぶでも職場を去らなければならなかったのです。たとえば生年月日が一九五七年十二月三十一日として家族関係登録簿に記載されている人だったら、どうでしょう。ほんの数日、誕生日を遅らせただけで、定年が二年先に延びることが法律で保証されるのです。

日本ならば、役所がそのような見え見えの修正申告など受け付けるはずもなく、逆に虚偽申告として罰せられる可能性さえあります。ところが、この〝悪魔の誘惑に負けた〟と思われる行為が、韓国では違ってくるのです。もちろん生年月日の修正申告を役所に申請すれば、役所は当然、審査をします。でも決して〝悪魔の誘惑に負けた〟と決めつけるとはかぎらないのです。

なぜなら朝鮮戦争休戦後の韓国社会の混乱は、ベビーブームが始まってからもまだ収束していませんでした。役所への出生日の届け出も曖昧で、役所の管理もかなりずさんな上に、立証資料も揃えられていない状況が続いていました。そのため歴代の韓国政府は、この時期の出生届けの訂正を以前から認めてきていたのです。

しかしいくらベビーブーム時期に生まれたからといって、一九五五年生まれの人はすでに六十歳になってしまっていますし、一九六〇年代の人たちの年金や定年延長を念頭に置いた生年月日の修正申告にはかなり無理があります。出生届のずれやぶれを認める処置が取られているとはいっても、その年齢の幅はおのずと限定されてきます。結果として「一九五七年生まれ」がいちばん微妙であり、たとえ駆け込み修正申告であったとしても、一概に虚偽申告と決めつけられない人たちということになります。

こうして年金を早く受け取りたい「一九五七年生まれ」は、生年を一年早めて、一歳早く年金受給開始を実現し、退職を遅らせたい「一九五七年生まれ」は、生年を一年遅らせて退職年齢を二年先に延長することが可能になったというわけです。

この機に乗じて虚偽申告をする人がいないとは言えないでしょうが、今後の韓国政府の対応を見守るしかありません。

ただ朝鮮戦争直後は韓国社会が混乱し、戸籍の管理すらきちんとできなかった時代だったわけで、そのような時期に生まれた人びとが国の基盤を築き上げてきたという事実を、きちんと受け止めなければならないと私は思っています。

さらに言えば、こうした人びとが定年を迎える年齢に近づいて、収入激減がそこまで来ているにもかかわらず、まだ自分たちの親や子どもたちまでも扶養しなければならないという現実です。韓国の平均寿命が延びたこと、大学進学率が上がり、教育費の負担期間が長くなり、しかも大学新卒者たちの就職難などが大きく立ちはだかっているからです。

自分たちの老後も当然、考えなければなりません。でも日本より年金制度が充実していないため、彼らの老後の生活への不安をいっそう深刻化させていると思います。

韓国の経済成長を一九七〇年代から支えてきた韓国版〝団塊世代〟の人びとへの見返り、代償が、こうした厳しい現実であることを知りますと、今回の相次ぐ生年月日修正申告について、厳しい言葉を投げつけられなくなっている私がいます。

第二章

食文化

1　キムチとキムジャン文化

私は日本の胡瓜《きゅうり》や茄子《なす》、人参などのぬか漬けや浅漬けが大好きです。韓国人ですから、もちろんキムチも大好きです。食卓に漬け物類がないと物足りなく感じますし、時にはキムチや漬け物だけでご飯を食べてしまうほどです。

ただキムチだけは日本に来てかなり長い間、日本で作られた物はどうしても口に合いませんでした。多くの韓国人は日本の「キムチ」は似て非なるものと見ていますし、私もこの点については同感です。これに関連するかもしれませんが、国際食品規格委員会は一九九六年に日本が提示した「kimuchi」ではなく、韓国が強く主張した「kimchi」を英語表記として正式に認めました。キムチは韓国が本場であり、韓国を代表する食品ということが国際的に承認されたからでしょう。

日本製のキムチがなぜ口に合わなかったのか、その理由ははっきりしています。そもそも野菜の風味が違います。さらに塩漬けにした白菜、胡瓜、大根などに「薬味類を混合し、低温で熟成、発酵させた食品」（大韓民国農林部）こそキムチで、発酵させていないのが日本製キムチだったからです。韓国では、非発酵の塩漬けした即席キムチは「コッチョリ（겉절이）」と呼んでいます。

キムジャンキムチ（김장김치）は、もともと越冬用の保存食で、漬け込むときに魚介類、あるいは魚醤《ぎょしょう》や塩辛《しおから》、塩アミなどにニンニクを入れる熟成型食品です。つまり海産物材料によって乳酸菌の発酵を促し、時間とともに熟成されて、独特の旨味が出てくるというわけです。ただ強く濃厚な匂いも伴いますので、日本の方には味わう以前に、その匂いのために敬遠されてしまいがちです。独特の匂いということでは、新鮮なムロアジやトビウオなどを乳酸菌が含まれた魚醤に漬けた「くさや」と似ているかもしれません。

それから日本で韓国製キムチが敬遠されるもう一つの理由は、強い辛さにあります。一九八〇年代後半に日本では激辛ブームが起こり、キムチも日本人に馴染みある食品の一つになったようですが、おしなべて日本人はまろやかな辛さを好みます。

こうして日本では発酵させず、キムチ風味の汁に野菜を漬け込んだ、辛さまろやかで、淡泊な味わいの浅漬け型キムチが好まれるようになったのでしょう。

私は熟成型キムチと浅漬け型キムチがあっても構わないと思っています。韓国人からすると、日本の浅漬け型はキムチではなく「コッチョリ」となるのでしょうが、それはそれで構わないと思います。ましてや「日本人は本当のキムチがわからない民族」などと言うのは間違っています。

食文化はその土地の気候、風土、民族性と密接に関わっています。大陸性の気候である韓国では冬期の気温は日本に比べるとずっと低く、だからこそ熟成型で、唐辛子をたくさん入れた辛いキムチが根づいたのです。日本は韓国の気候に比べるとずっと温暖で、野菜もちょっとした保存方法で冬場でも手に入れることができます。冬場の野菜不足を補うためにキムジャンキムチのような野菜の保存食を作らなければならない切実さは日本にはなかったのです。

そのかわり、日本にはたくさんの種類の浅漬け野菜やぬか漬けがあります。特にぬか漬

け は 米糠《こめぬか》を乳酸発酵させて作った糠床《ぬかどこ》に野菜などを漬け込んで作るものですが、乳酸発酵させるという点ではキムチと同じで、日本の食を代表するものの一つだと思います。でも漬けこむ時間がキムチとは大きく異なります。野菜の種類や形状にもよるでしょうが、せいぜい半日から一日で、一年中その糠床を使い続けることができます（糠床の手入れは必要ですが）。

ところで、二〇一三年十二月、韓国の「キムジャン文化」が日本の「和食」とともにユネスコの無形文化遺産に登録されました。誤解していけないのは、キムチという食品そのものではないことです。韓国政府はキムチとキムジャン文化の二つをユネスコの無形文化遺産として登録を目指したようですが、認められたのはキムジャン文化だけでした。

これは和食が無形文化遺産として認められたことを考えれば、当然でしょう。フランス料理も無形文化遺産として登録されていますが、いずれもその料理を生み出し、培《つちか》ってきた文化そのものが登録されたのですから。和食もフランス料理も個々の食品名や料理名はありません。

キムジャン文化とは、韓国の全土で行うキムチ漬けのことで、寒くて長い冬を越せるよう大量に漬けるため、人びとが助け合って行う、韓国人の生活にとって欠かせない越冬の準備を指します。

キムチ漬けは冬場に一斉に行われますが、実は年間を通しての準備が必要です。春になると各家庭では、海老やカタクチイワシなどの海産物を塩漬けにして発酵させておきます。夏には天日塩《てんじつえん》の苦みを落としておき、夏の終わり頃に赤唐辛子を干して粉末にしておきます。秋が深まるにつれて、主婦たちはキムジャン日を決めるために天候を気にし始めます。

こうして立冬前後に行われるキムチ漬けは、一年を締めくくる行事で、私が子どもの頃までは、この季節になると会社から「キムジャンボーナス」が父親に支給されていたことを記憶しています。

キムチ漬けの種類、方法、材料、そして保存方法は代々継承されていく家族の財産であり、それらはすべて、その家族たちの経験に依存してきています。嫁は姑から受け継ぐのが一般的で、その家庭のキムチ漬けを覚えれば、嫁が嫁ぎ先の家庭に根を下ろしたことを意味します。

キムチの材料と漬け方が地域ごとに異なる最大の理由は、気温の差です。北の地域は気温が低いのでキムチの塩加減を薄くし、薬味を淡泊にして野菜の新鮮さを保ちます。比較的温暖な南の地域では塩加減を強めにして、塩だけでは味が悪いため、春先に塩漬けしておいた太刀魚《たちうお》などの海産物や牛肉汁を混ぜたりします。またニンニク、生姜、唐辛子、それにもち米をのり状にして加えることで発酵味を出します。西の地域ではカタクチイワシを、東の地域では生イカ、鱈《たら》などを、また中央の地域では生カキ、アミの塩辛を入れますが、なかには塩漬けをし、発酵させるものもあります。

こうしてニンニクや魚介が混ざったキムチ独特の発酵の匂いが生まれます。北のキムチは汁けが多く、淡泊で、さわやかな味、南のキムチは唐辛子を多めに使い、汁けがほとんどなく濃い味です。また中央地域のキムチは白菜などの野菜や汁が真っ赤ではなく、淡い赤色になっているのが特徴です。

キムジャンは韓半島の気候、季節、各家庭の生活環境、食習慣により多様で、それぞれの地域ごとに定着しています。韓国人が自然との調和をはかるなかで育《はぐく》んだ食文化で、地域ごとの生態系をみごとに反映しています。またキムチの熟成方法（貯蔵方法）も住居環境などと深く結びついているのがよくわかります。

それだけにキムジャン文化をユネスコが世界の無形文化遺産として登録したことは、大変すばらしいことで、韓国人は誇りに思っていいのではないでしょうか。

韓国では、キムジャン季節が近づくにつれて、日本の桜前線ならぬ、キムチ前線の移動がテレビなどで報じられ始めます。それだけ韓国人には冬の季節の到来を告げる国民的行事になっています。

でも最近は農業技術の発達や輸入などで、白菜などもほぼ一年中、手に入るようになり、キムジャン季節だからといって大量にキムチを漬け込まなくなってきました。我が家でも私が子どもの頃は七人家族で、漬け込む白菜だけでも一〇〇株前後でしたが、現在は家族の人数が減少して、かつての三分の一程度です。また保存の方法も、以前は甕を大量に使い、戸外や土中に埋めたりして保存しましたが、現在では家庭用のキムチ専用冷蔵庫が出回り、大量に漬け込む必要がなくなってきました。

さらに二〇世紀後半からは急速な都市化と若い世代に食生活の欧米化が浸透《しんとう》し始めました。その結果、キムチなしでは食事ができないという韓国人が減ってきて、確実にキムチの消費量が減少してきています。

キムジャン文化という点で気になるのは、都市化に伴って韓国でも核家族化が進み、共働きの家庭が増えてきていることです。若い主婦はキムジャンの季節にキムチを漬ける時間がなくなり、実家から分けてもらうか、買って来る人が増えてきています。地域共同体の上に成り立ってきたキムジャン文化ですが、都市化と食生活の西欧化は、韓国固有の文化の維持を次第に難しくさせてきているようです。

皮肉なことに、キムチ産業は年々隆盛の一途ですが、家庭や地域で行ってきたキムジャン行事は減少してきています。

自家製キムチは「おふくろの味」で、その家庭の味です。その「おふくろの味」を大切にしようとするか否かは、若い韓国人の価値観に大きく左右されることになるのでしょう。故国を長く離れている者として、キムジャン文化がユネスコの無形文化遺産として登録されたことを喜ぶとともに、故国からこのすばらしい文化が廃《すた》れ、ただの〝遺物〟とならないようにと祈るばかりです。

2　冬至とあずき粥

一年のうちで夜がいちばん長い日と言えば、もちろん冬至です。日本に来た当初、旧暦に基づいた行事が韓国に比べるとずっと少なく感じ、冬至もやはり日本では行事はないと思っていたものです。

ところが数年して、十二月半ば頃からマーケットにカボチャが普段より多く出回り、柚《ゆ》子《ず》が並ぶのに気がつきました。よく見ると店内に「まもなく冬至」というお知らせが出ていて、日本では冬至にカボチャを食べ、柚子湯に入ることをようやく知りました。

冬至を迎える習慣が日本にもあって、それなりの思いで人びとが迎えていることがわかり、なぜだかほっとしたものです。

でも韓国とは違うことにも気がつきましたので、韓国での冬至《トンジ》（동지）について、少し紹介することにします。

かつて中国では、冬至を太陽の運行の起点として、一年の始まり、つまり暦の起点としていました。そのため、皇帝は冬至の当日、天に祈りを捧《ささ》げ、庶民はさまざまな神と先祖を祀《まつ》り、冬至を祝ったと言われています。

こうした考え方は韓国、日本にも伝えられました。冬至になぜお祝いをするのかといいますと、冬至を境に昼が少しずつ伸びていくためで、生命の恵みをもたらす太陽の光が次第に豊かになっていくこととも関連していました。

韓国では、冬至はめでたい日と考えられていたため、貴族は祝宴を開いたり、役人たちに暦を贈るなどしていたそうです。これに関連しますが、陰暦五月五日の端午には扇を贈り合う習慣があったため、「夏扇冬暦《ハソントンニョク》（하선동력）」と言われていたようです。

つまり冬至こそ新しい一年の第一日目だったわけで、冬至は正月の起源と言えると思います。なおここで言う冬至は、すべて太陰太陽暦（旧暦）ですので、十一月が「冬至月」と定められ、冬至は必ず十一月中ということになっていました。ただし冬至の日にちは決まっていませんでした。

韓国の冬至には欠かせない食べ物があります。それは「あずき粥（パッチュク　팥죽）」です。この冬至のように決まった日に食べる食事を「節食《チョルシック》（절식）」と呼びます。

冬至は二十四節気《にじゅうしせっき》の一つで、あずき粥を食べる風習は韓国独特の風習ではなく、中国から伝えられました。そう言えば、日本でも小正月の一月十五日に邪気を払い、一年の健康を願って、あずき粥を食べると聞いたことがあります。地域によっては日本でも冬至にあずき粥を食べるそうですから、日本にも韓国と同じような風習が残されているようです。

あずき粥はあずきと米を煮て作ります。もち米の団子《セアルシム》（새알심）が入る場合もあり、この団子を年の数だけ食べると一年を無病息災《むびょうそくさい》に過ごせると言われています。でもお年寄りが年齢の数だけ食べるわけにはいきませんから、厳密に実行されているわけではありません。

でもなぜあずきなのでしょうか。

楢木末実《ならきすえざね》の『朝鮮の迷信と俗伝』（新文社、一九一三年）には、

「伝染病の神は豆が大の嫌いである、故に冬至の日は壁や大門（本門）などに豆の粥を塗るとその鬼神が逃げて往く」

と記されています。この本は今から一〇〇年前に韓国での調査をもとに、韓国で出版されました。それだけに当時の朝鮮半島の風習が現在とは比べものにならないほど人びとの生活に強く結びついていたことを窺《うかが》わせてくれます。

いずれにしても悪魔や鬼神は豆が大嫌いというわけで、あずきのご飯が祈禱の際の供物《くもつ》として用いられる一方、赤色には厄除《やくよ》けの力があるとされ、あずき粥を食べる習慣が伝えられたと思われます。

中国にもあずきに関わる面白い話があります。いくつものバリエーションがあるようですが、その一つを紹介します。

ある村に親不孝者の息子がいて、いつも親を困らせていたそうです。その息子が冬至の日に死んでしまいました。ところがこの息子、死んでも親を困らせることをやめず、伝染病などを村中にはやらせる疫病神になって、村人を苦しめたそうです。あるとき、母親は息子があずきが嫌いだったことを思い出し、あずき粥を作って家中に撒《ま》くと、その疫病神が逃げていったということです。

赤色のあずきに厄除けの力があると信じられているのは事実で、我が家では知人などに不幸があって葬儀に出かけると、帰宅時にはあずきを自分の背後に何回か撒いてから家に入るようにと、母親からいつもあずき入りの袋を持たされたものです。日本に来てからも私はこれだけは実行しています。

それから冬至に「蛇」という文字を書いた紙を逆さにして壁や柱に貼ると、家に悪魔や鬼神が入ってこないと言われています。また冬至が暖かいと、翌年は病死する人が増え、大雪の寒い日だと豊作になると言われています。

日本でも冬至に天気がよければ翌年は豊作、雷が鳴れば雨が多く、雪が降れば豊作などと言う地域もあって、韓国と似ていて面白いと思います。いずれにしてもどこまで信じるかはあなたの勝手というところでしょうか。

このようにあずき粥を食べるのは、赤い色が悪魔や鬼神を追い払うためで、厄払いや魔除けの意味が込められているのです。

冬至に関係ありませんが、韓国では男の子が生まれると玄関に赤い唐辛子を吊り下げることが今でも地方では行われています。こうした風習にも悪魔や鬼神から子どもも守る意味が込められています。日本でも鳥居が朱色に塗られていたり、お守り袋に赤い色が使われているのも悪魔や鬼神が嫌がるからだと聞いたことがあります。

　話を戻しましょう。

　二〇一四年の冬至は「朔旦冬至《さくたんとうじ》（삭단동지）」と呼ばれ、一九年に一度巡ってくる大変めでたい冬至でした。これは旧暦の十一月一日、つまり新月の日に冬至が重なります。暦が正確に運用されていることを証明するもので、かつては盛大にお祝いの行事が催されたそうです。ただし、陰暦十一月十日以前に冬至が来る場合は、子どもがあずき粥を食べると病気になると言われ、あずき粥ではなく、あずきの餅を食べさせるという風習があります。

　またあずき粥のほかに大根の水キムチ（トンチミ　동치미）や、練ったもち米を茹《ゆ》でて大豆やゴマなどをすりつぶした粉をまぶした餅（カクセックキョンダン　각색경단）、生姜や桂皮で作った甘味飲料（スジョングァ　수정과）なども冬至の「節食」ですが、最近では作るのが大変という理由で、あずき粥ほどには一般家庭で作られなくなってしまっています。

　少し寂しい気もしますが、先祖が残してくれた貴重な冬至の過ごし方、ここにはさまざまな生きる知恵も込められています。せめてあずき粥を作って、無病息災《むびょうそくさい》を祈りながら、いちばん長い夜をゆっくりと過ごしたいものです。

3　お正月　そしてお雑煮

「二〇一五年二月十九日」といっても、日本の方は「さて何の日？」と思うにちがいありません。でも韓国人で二〇一五年の「二月十九日」がわからない人はまずいなかったはずです。

韓国人にとっては、一年の生活のなかで大変重要な節目となる名節《ミョンジョル》（명절）の一つが旧暦の一月一日で、この年の新暦「二月十九日」が新しい年の第一日目に当たったからです。

韓国では「ソルラル（설날）」と言います。「ソル」が正月を、「ラル」は「日」を意味します。

韓国で名節の前後の日と合わせて三日間が公休日となるのは、「秋夕《チュソク》（추석）」（本書一五四頁～、二二〇頁～参照）と、この「ソルラル」だけです。

韓国人には二大民族イベントといっていいでしょう。この二つの名節では、必ず墓参りをします。そのためソルラル前後は故郷に帰省する人びとの民族大移動が起きます。たとえばソウルから釜山まで、通常なら車で五時間程度ですが、たいてい倍ほどの時間を覚悟しなければなりません。

二〇一五年の「ソルラル」当日は木曜日でした。そのため前日の十八日（水）と翌日の二十日（金）が祝日となり、通常、土、日曜日は休みですので、五日間の連休となりました。多くの会社が休業となり、飲食店や一般の商店も営業しないところが多くなりました。もちろん市場もほとんどの店が休みです。

私は今、この原稿をソウルで書いています。学生たちが梨花女子大学で語学・文化研修中で、一緒に来ているからです。春の研修は通常は三週間なのですが、今年は一七日間に短縮され、二月十七日に日本へ戻ります。理由は旧正月にぶつかるからで、大学の授業も

「ソルラル」には勝てないようです。

新暦の一月一日はただの祭日でしかなく、私も長年日本に住んでいますが、「ソルラル」こそ正月を迎えたという気分になります。

私が小さい頃、正月を待ち望んだのは、一つはごちそうが食べられるのと、もう一つは、親や親戚の人からお年玉がもらえたからでした。その意味では日本の子どもと同じような気持ちで正月を迎えていました。

すさまじい交通渋滞にもめげずに、韓国の人びとが故郷を目指すのは先祖への墓参という意味もありますが、もう一つは、家族や親戚がひさしぶりに顔を合わせる絶好の機会だからです。そして元日の朝、つまりソルラルの朝は、まず元日用の食べ物である歳饌《セチャン》(세찬)、元日用のお酒である歳酒《セジュ》(세주)を並べ、先祖への祭祀を行います。歳酒は「ソルスル(설술)」とも呼ばれるもので、常温で飲みます。そして歳饌の代表的な食べ物が韓国風お雑煮の「トックック(떡국)」です。祭祀が終わると、お供えした物をみんなで

食べます。

また日本の年始回りと同じように、家族や親戚、またご近所に住む目上の人に年始の挨拶「歳拝《セベ》（세배）」をすることもあります。日本の「新年明けましておめでとうございます」に相当する新年の挨拶言葉は「セヘ ボン マニ パドゥセヨー（새해 복 많이 받으세요 新しい年に福をたくさんもらってください）」です。

このあと墓参りをするのが一般的です。我が家ではお墓はなくなってしまいましたので（本書一六四頁〜参照）、祖母の遺骨を納めている納骨堂へお参りに行きます。ただ秋夕《チュソク》のときもそうですが、ソルラルでもすさまじい渋滞に巻き込まれますので、できるだけ数日前、それも平日を選んで墓参をするようにしています。

ところで、韓国の正月の代表的な料理といえば、やはりなんと言っても「トックククッ（떡국）」です。「トック（떡）」とは餅、「クック（국）」とはスープの意味です。日本の雑煮と似ていますが、大きく違う点があります。それは餅とダシです。

ですから、韓国のお雑煮を見た日本の方は「オヤッ」と思い、食べてみたら「違う」と感じるはずです。

蒸した米を臼《うす》と杵《きね》で餅にするのは日本と同じです（最近は日本と同じように機械で作ることが多くなっています）。そのほか米の粉から作る餅もありますが、お雑煮を話題にしていますので、ここでは触れません。

餅ですから原料は米です。でも日本では主にもち米を使いますが、韓国ではうるち米を使うのが一般的です。新しい年の第一日目に食べる「トックック」は白く、「歳を食う餅」という表現もあり、長寿を意味します。

韓国では祭祀やお祝い事に餅は欠かせません。秋夕には「ソンピョン（송편　松葉蒸し餅）」が、子どもが生まれて百日目や一歳の誕生日には「ペクソルギ（백설기　うるち米の粉で作る白い餅）」が付きものです。また旧暦の三月三日の桃の節句（삼짇날　サムジンナル）ではツツジの花をのせて焼いた餅（화전　ファジョン）を食べます。

うるち米で作った餅は、日本の餅の食感とは当然異なっています。どのように違うのかは食べてみればすぐにわかるのですが、うるち米の餅は粘り気が少なく、弾力があります。加熱しても煮崩れることはありません。ですから、日本の方は餅という感じがしないと思います。日本では、お年寄りが餅を食べてノドに詰まらせる事故がときどき起きます。でも韓国の餅には粘りがありませんから、餅がよく伸びる、切れにくいということはありません。

そのほかにうるち米の粉に水を加えて蒸した餅（시루떡　シルトック）があり、これは蒸しパンのような食感になります。

トックックに入れる餅は、棒状の餅（가래떡　カレトック）を薄く斜めにスライスしたもので、日本の四角、あるいは丸くて大きい餅とは形も違います。

もう一つ、日本のお雑煮と違うのがダシです。日本でも雑煮のダシは地域によってさまざまなようですが、韓国では地域というより家庭によって違いがあります。

日本の雑煮のダシはすまし汁が主流で、関西地域では白味噌仕立てが多いようです。ダシの素になるのは、これも地域差があるようですが、昆布、鰹、煮干しなどが使われ、いわゆる和風ダシと言えます。

また雑煮の具材には、焼いた餅（焼かない地域もあります）、豆腐類、いも類、鶏肉か、肉団子にしたもの、青味の野菜、彩り用に人参、大根、蒲鉾《かまぼこ》、海老、それに三ツ葉などが入れられるようですが、これもやはり地域差があるようです。

では韓国の雑煮のダシは？

日本とまったく違うのは、肉類からダシをとるということでしょう。

昔は多くの家でキジ（꿩 クォン）肉を煮込んで食べていたようです。でもキジが手に入りにくくなっている現在では鶏肉を使う家庭もあります。

余計なことですが、韓国語で〝これがなければあれ〟と言うとき、「クォン デシンタック 꿩대신 닭」と表現します。「キジの代わりの鶏」という意味ですが、生活のなかから生まれた表現と言えそうです。

現在では牛骨か牛肉を煮込んで取ったダシを使う家庭が多いようで、我が家でも牛肉と昆布、干し鱈《たら》のダシを使います。これに醤油、塩、コショウ、ニンニク、ねぎなどで味を整え、「トック（餅）」、牛肉そぼろ、金糸玉子、刻み海苔、白ごまを入れます。ただこれも各家庭によって具や味付けはそれぞれです。

我が家では次兄《じけい》が小さい頃から肉類を食べず、その後、自覚的にベジタリアンになってしまいましたので、母はこの兄のためだけに煮干しや魚介類などでダシをとってお雑煮を作っていました。その意味では、我が家では韓国風と和風、二つのダシによるお雑煮が並んでいたことになります。

もうすぐ「セヘ　ボン　マニ　パドゥセヨー」の挨拶がそこかしこで聞かれることでしょう。そして我が家でも母の「トックック」が作られることでしょう。でもソルラルの前に日本へ戻らなければならず、母の「トックック」が食べられない私は、ちょっぴり残念な思いに襲われています。

4 暑気払い

近年、日本の夏は暑さが厳しさを増してきているようです。日本全国がまるでゆで釜に入れられたような日も珍しくなく、「暑い」ではなく「熱い」という漢字を書きたくなるほどです。

こうした暑い夏を乗り切るため、日本では「打ち水」や日よけ、目隠し用の「すだれ」、コンクリートへの直射日光を遮《さえぎ》り、照り返しや蓄熱を防ぐ「すのこ」などが、少しでも涼しく過ごす方法として伝統的に用いられてきていて、まさに生活の知恵だと思います。

また食べ物では、夏の風物詩と言っていいのが「かき氷」です。韓国でも、子どもや若い人たちには人気があります。確かに食べるといっぺんに汗がひき、涼しさを身体のなかから感じることができます。でも食べすぎには要注意でしょう。

最近では宣伝効果もあってか、夏バテ対策に甘酒が人気商品になっているようです。ブドウ糖やアミノ酸、ビタミン類が効率よく吸収できて、飲む点滴とも呼ばれているようです。この甘酒、実は日本では、すでに江戸時代から庶民の間ではよく知られた夏バテ防止飲料だったようです。

日本に来て初めて甘酒を見たときは、韓国のマッコリ（막걸리）に似ていると思いながら、こわごわ飲んでみると、ドロッとして甘みがあって、抵抗なく飲めたことが思い出されます。今では韓国からの来訪者には、日本を知ってもらう一つとして、目にとまればこの甘酒を勧めることにしています。

ところで、暑気払いとは、暑い夏に身体を冷やす効果のある食品や、その効能があるとされる漢方や薬などで、体内の熱気を取り除くことですから、決して冷たい物だけとは限りません。たとえば、夏野菜の苦瓜《にがうり》（ゴーヤ）、南瓜《かぼちゃ》、胡瓜《きゅうり》などにはビタミンC、カリウム、カロチンなどが含まれていて、利尿作用や疲労回復、夏バテ予防効果などがあるとされています。韓国でもやはり夏場にはこうした野菜がよく食卓に並びますが、苦瓜は韓国野菜にはなかったように思います。少なくとも私が韓国にいたときは、目にしたことのない野菜でした。でも日本へ来て初めて食べた苦瓜独特の苦さが好きで、私は夏場はよく食べます。

一方、暑いからこそ熱い食べ物で、という考え方は、日本では考えられないほど韓国では定着しています。韓国人はよく「以《イ》熱《ヨル》治《チ》熱《ヨル》（이열치열）」と言います。「熱いもので熱さを鎮める」という意味ですが、暑さからくる食欲不振に熱い料理を食べて解消しようというわけです。

日本でも夏バテ解消として土用の丑の日の鰻《うなぎ》がよく知られていますが、韓国でも同じような考え方があって、「土用の丑の日」に当たるのが「三伏《サムボック》（삼복）」です。

「三伏」は、毎年七月から八月にかけて、夏至から三回目の庚《かのえ》の日が初伏《チョボック》（초복）、四回目の庚の日が中伏《チュンボック》（중복）、立秋が過ぎた最初の庚の日が末伏《マルボック》（말복）になります。ちなみに二〇一七年の初伏は七月十二日、中伏は七月二十二日、末伏は八月十一日でした。毎年三回ありますので、三伏と呼びます。

それでは、「伏日《ポンナル》（복날）」に何を食べるのでしょうか。一つは、日本でもよく知られて

いる参鶏湯《サムゲタン》（삼계탕）です。もう一つは、日本の方にはほとんど馴染みがないと思いますが、補身湯《ポシンタン》（보신탕）と呼ばれるスープ料理です。

参鶏湯は、韓国の代表的な鶏肉料理の一つで、若鶏の内臓を取り、そこにもち米・栗・ナツメ・高麗人参などを詰め、長時間煮込んだ料理です。現代の韓国人は「伏日」だけでなく、一年中好んで食べます。じっくり煮込んだ肉は柔らかく、箸で骨から簡単に外せます。たっぷりのスープには高麗人参の香りも染み込んでいて、なるほど身体に良さそうだと誰もが思うのではないでしょうか。ただしとても熱いですから、食べながら大汗をかくことは間違いなく、だからこそ食べ終わった後の爽快感はなんとも言えません。

さてもう一つの韓国の名物料理、補身湯とは犬肉のスープのことです。

こう聞いただけで日本の方は逃げ出してしまうかもしれません。実は私もダメなのですが……。

ただ日本でも縄文時代から江戸時代に入るまで犬食の慣習はあったようです。江戸時代になると武士階級では犬食が禁止され、さらに五代将軍徳川綱吉の「生類憐《しょうるいあわ》れみの令」で、日本人には動物を殺すことを避ける気風が広がっていったと言われています。特に徳川綱吉が〝犬将軍《いぬしょうぐん》〟と呼ばれたように、犬が「将軍家の守り神」とされたことで、犬食が食生活のなかから消えて、愛玩動物となっていったようです。

この「補身湯」の「補身」とは、栄養価の高いものを摂取して身体を強健《きょうけん》にするという意味です。つまり犬肉は古くから滋養強壮に良いことが知られていたのだと思います。

「伏日」の「伏」という漢字は、人偏に犬です。人間が犬のように腹ばいになった姿を表した文字だと言われています。暑さを乗り切るための栄養補給と暑気払いを兼ねた「伏日」は、熱い物を食べるという行為（犬の肉が食材として用いられた）が先にあって、そのあとで名（伏日）が付けられたのではないかと私は考えています。これも推測ですが、鶏肉を使った参鶏湯は、犬肉忌避《きひ》の韓国人もいたことから、犬肉に代わるものとして食べるようになったのではないでしょうか。したがって、せめて言い方だけでも変えようというのでしょう、一九八〇年代半ばからは「補身湯」ではなく、「栄養湯《ヨンヤンタン》（영양탕）」などと呼ばれるようになりました。

ところで滋養補給料理として、参鶏湯と補身湯だけが伏日の料理ではありません。伏日に食べる料理として、日本と同じように「鰻《チャンオ》（장어）」があります。ただ韓国では、塩や

醤油ダレ、あるいはコチュジャンなどで調味しますので、鰻のかば焼きとはかなり違います。

そのほか「タッカンマリ（닭한마리）」という、鶏をまるごと煮込んだ水炊き料理があります。これをニンニクたっぷりの辛味ダレで食べます。

そして日本の方にいちばん抵抗なく食べられるのが「海鮮鍋《ヘムルタン》（해물탕）」ではないでしょうか。イカ、エビなどの魚介類たっぷりの海鮮鍋は、おいしいスープで栄養満点です。ただしスープは熱いだけでなく辛さも半端ではなく、二倍の暑気払いになる感じです。

最近、韓国では「伏日」が近づくと、一部の動物愛護団体が「伏日廃止」を唱えるようになってきています。理由は「補身湯」にあることは言うまでもありません。人間の食生活は時代とともに変わります。その意味では、滋養強壮の食品は以前よりずっと増えてきて、しかも簡単に手に入るようになっています。

ですから、「伏日」だから何がなんでも「補身湯」と思っている人も、異なる滋養強壮食材に挑戦してみたらどうかと私は思っています。多少時間はかかるかもしれませんが、韓国からいずれ犬食の習慣は消えていくのではないでしょうか。韓国人の食生活がバラエティーに富んできていますし、食材も豊かになってきているからです。

でも食生活習慣としての「伏日」は是非とも続いてほしいと願っています。「以熱治熱」は生活の知恵として定着していますし、すばらしい韓国流の暑気払い方法として、生活に馴染んでいるからです。

5　チゲ鍋？

寒い季節になりますと、日本のスーパーマーケットなどに目立って多くなるのが、容器からそのまま移し替えてすぐ使える鍋料理用スープです。その種類もなかなか豊富で、和風の鍋用つゆに混じって目につくのが韓国風の鍋用つゆです。

肉、魚介類、野菜などさまざまな食材の入った一つの鍋を囲んで、家族や友だちと食べるのは、栄養たっぷりの食事というだけでなく、精神的にもリラックスできて楽しく、豊かな時間を持つことができます。その意味で、私は日本の寒い季節、大歓迎です。

ただ韓国では、鍋料理は決して寒い時期の定番料理というわけではありません。四季折々、どの時期でも鍋料理を食べます。真夏の暑い時期に暑気払いとして、熱々の鍋料理が好まれるのですから（本書一一八頁～、一二六頁～参照）。

だいたい韓国人は食事のときに汁物がないと、物足りなく感じるのが一般的です。韓国では、食事と汁物は密接に結びついていて、日本の味噌汁とはかなり違っているように思います。日本の味噌汁はあくまでも脇役ですが、韓国の汁物はむしろ主食に次ぐ、準主役と言っていいでしょう。ですから、韓国の汁物料理は実にたくさんあります。

韓国のつゆ、つまり汁物料理は大きく分けると、「クック（국）」と「タン（탕）」、そして「チゲ（찌개）」と「チョンゴル（전골）」の四種類です。

「クック」は、「クンムル（국물、つゆそのものの意）」が短縮された言葉で、つゆに野菜や海藻などが少しだけ入っているのが一般的です。味付けは醬油、塩、味噌、唐辛子味噌などで、日本の味噌汁のように一人ずつ汁物用カップや碗によそいます。外食の際には、定食に付いている汁物となることが多く、店のメニューとしてあるのは、むしろ珍しいでしょう。

「タン」は、中国語の「湯《タン》」からきたもので、中国語ではつゆそのものを指します。韓国での「タン」は、動物性の食材を使うことが比較的多く、肉や骨をじっくり煮込んだつゆがベースになり、そのなかに肉や野菜などの食材を入れて軽く煮て食べます。半透明や白濁のつゆ、あるいは辛いつゆなどがあります。

ただまったく同じ料理でも「コムクック」と言ったり、「コムタン」と言ったりしますので、「クック」と「タン」にあまり明確な区別をつけずに〝つゆ〟の意味で使っています。実は私自身もそうです。

「チゲ」は「クック」や「タン」とは明らかな違いがあります。それは鍋料理だということです。しかも一人用の小さな土鍋（トゥクペギ　뚝배기）に材料を入れ、ぐつぐつ煮込んで、とても熱くした汁物料理です。「クック」と「タン」に比べてつゆが少なく具材が多いのが特徴です。

鍋料理では「チョンゴル」が日本の鍋料理に似ています。大きめのカセットコンロを卓上に置いて鍋を載せ、具材を入れて調理しながら食べます。日本の「寄せ鍋」風ですから、「チョンゴル」こそ、日本の方には見慣れた鍋料理となるのではないでしょうか。

さてそこで、私が日頃から気になっている日本での「チゲ鍋」という名称についてです。もうずいぶん前になりますが、季節はちょうど晩秋の頃でした。居酒屋の店頭に〝チゲ鍋始めました〟とビラが貼られたり、スーパーマーケットには〝チゲ鍋の材料にいかがですか〟と出ていたりして、とても奇異に感じたことがありました。

韓国で「チゲ」と呼ばれるものの特徴はすでに述べましたが、まずはどのような種類があるのか思いつくまま挙げてみましょう。

①キムチチゲ（김치찌개）

家庭でも食堂でも韓国料理のなかで、もっともポピュラーで簡単に作れる鍋料理です。古漬けキムチ（発酵して酸味が強くなっています）と豆腐、ネギ、豚肉などを一緒に入れて煮込みます。調味料は塩が少々で、あとはキムチと具材のうまみが味の決め手となります。

②テンジャンチゲ（된장찌개）

テンジャン（粗くつぶした韓国味噌）をベースにしたチゲです。いわば韓国風味噌汁と言っていいかもしれません。味噌をぐつぐつ煮込んでいますから、日本の味噌汁より濃厚です。牛肉、アサリ、煮干などでとったダシに野菜や豆腐を入れます。これもポピュラーな家庭鍋料理のひとつです。

③スンドゥブチゲ（순두부찌개）

柔らかい豆腐（日本の絹ごし豆腐の感じ）がたっぷり入った、辛い鍋と言えば、日本の方にはなんとなくイメージが湧くのではないでしょうか。最近は日本でも、この「スンドゥブ（純豆腐）」を売りにしているお店を見かけます。魚介類や野菜と唐辛子を一緒に煮込みますから、かなり辛いのですが、最後に卵を割り入れますので、辛さがまろやかになります。

④プデチゲ（부대찌개）

プデチゲを漢字で表記すると「部隊《プデ》」「鍋《チゲ》」となります。朝鮮戦争（一九五〇年六月～一九五三年七月）後、物資や食べ物が不足しているときに米軍から放出された肉やハム、ソーセージをキムチと一緒に煮込んで鍋料理としたことから、「部隊の鍋」と呼ばれるようになったということです。キムチ、野菜、餅、さらにはなぜか、インスタントラーメンなどを一緒に入れて煮込む、辛めの鍋料理です。若者向きでしょうか。私自身、今はあまり食べなくなりました。

⑤チョングックチャン（청국장）

清麹醤《チョングックチャン》は大豆を発酵させた味噌の一種。味噌というイメージより日本の納豆に近く、納豆と同じようにねばねばとして、同じような匂いがあります。この味噌を材料にしたチゲにはなぜか「チゲ」の呼称がつかず、そのまま「チョングックチャン」と言います。日本の納豆汁をより濃厚にしたような味わいがあり、私は野菜がたっぷり入った熱々のこの鍋料理が好きで、よく作ります。

まだほかにもチゲはあるはずです。何しろ鍋料理ですから、具材として何を入れてもたいていはおいしい味になりますので、その具材の名を入れて「〇〇チゲ」と言えばよいのですから。

さてもうおわかりだと思います。「チゲ」とは「鍋」のことなのです。ですから、「チゲ鍋」とすると、「鍋鍋」と言っていることになるのです。

もっとも最近では、「チゲ鍋」という言い方を耳にした当初の私の強い違和感は薄れてしまっています。それよりも日本で韓国のチゲ料理が受け入れられ、食生活に溶け込んでいることを嬉しく思っています。

6 えごまをご存じですか

新大久保のコリアタウンに出かけて、日本の方が何を買われるのか見ていると、現在、韓国の物産で何に興味や関心がもたれているのか、おおよそわかります。それでは主婦とおぼしき方たちが最近、手に取り、購入されていく食品にはどのような物があるのでしょうか。

コリアタウンのマーケットを覗くと、日本のスーパーマーケットではお目にかかれない食品や食材がかなりあります。特に野菜や果物は、季節ものが多い関係から、その時期をはずすと見ることはもちろん、手に入れるのが困難となります。

たとえば「チャメ（참외）」と呼ばれる、日本のまくわ瓜によく似た果物は初夏にしか

店頭に並びません。残念なのは、かつて日本の八百屋さんにごく普通に並んでいたまくわ瓜ですが、近年は日本のスーパーマーケットに出回ることがなくなってしまったことです。チャメの果肉はメロンほど柔らかくなく、甘みも落ちますが、韓国にいたとき、初夏になると道ばたで籠《かご》に山のようにチャメを盛って売っているおばさんたちからよく買ったことが思い出され、新大久保に行くとチャメの時期には必ず買って帰ります（日本のスーパーマーケットにも出回っていると耳にしたことがありますが、少なくとも私は見たことがありません）。ほかには特に最近、日本の主婦に大いに購入されている物に「えごま（들깨）」関連の食品が挙げられます。

これ以前には韓国味付けのり、インスタントラーメン、乾燥鱈《たら》、ざくろの酢、日本のダシの素によく似た「タシダ（다시다）」など、それぞれが人気商品として一時期、大変よく売れていたようです。これらのなかで根強い人気を保つと、日本のスーパーマーケットやコンビニにも並ぶようになり、いわばメジャーデビューを果たします。遠くはキムチですが、お酒のマッコリ、ざくろの酢などもそうでしょう。

ところで、このえごま、韓国では日常の食材としてよく使われます。えごまは実だけでなく葉も食べます。えごまの葉は一見すると青じそにそっくりですが、青じそより葉がやや大きめで、厚みがあります。青じそにも独特の香りがありますが、えごまの葉にも青じそとは違った独特の香りがあります。韓国人でえごまの香りが苦手だという人は少なく、それだけ馴染まれていると言えるでしょう。

えごまは夏の野菜ですが、ハウスなどでも良く育つため、今日では季節に関係なく一年中栽培できるのも韓国人に愛用され続けている理由の一つかもしれません。寒さが厳しい冬場は、十一〜十二月頃に漬けた白菜キムチを食べて野菜不足を補いますが、年間を通して食べられるえごまは、それだけに身近な食べ物になったのでしょう。もちろん健康に良いことは古くから知られていました。

両親の知人に約三〇年間、えごまの実を毎朝、ひと握りずつ食べ続けている男性がいて、六十歳になっても白髪がまったくないばかりか、膚がみずみずしく、とても若々しかったそうです。「なぜそんなに若く見えるのか。何か秘訣でもあるのか」と訊くと、「別に何もしていないが、強いて言えば」と、えごまの実を食べ続けていたとのこと。ちなみにえごまを食べ続けてこなかった、この男性の奥さんは年下なのにかなり老けて見えたそうです。

すべてがえごまの効用とは断言できないでしょうが、健康や美容に悪い働きかけをしないことだけは確かなようです。

えごまは韓国では大変身近な食べ物になっていますが、決して韓国だけの植物ではなく、日本でもかつては生活に溶け込んでいて、「荏胡麻《えごま》」と表記されてきています。縄文時代からえごまは栽培されていて、日本に伝えられたのは、一般のゴマよりも前とのことです。中世末期まで、日本での植物油はえごま油で、灯火にも使われていたようです。ただ乾性油のえごま油より不乾性油の菜種油が中世末期以降、普及しはじめ、次第にえごま油の利用が減ってしまいました。現在では食用としてかろうじて一部の地域で残ったものの、ほとんどの日本人の生活からは遠ざかってしまいました。

そのため、多くの日本の方がえごまは「韓国のもの」という誤った認識を持つようになったようです。また次のような情報は、今や日本でのえごま生産がごく僅かであることを裏づけています。

二〇一五年一～四月の韓国のえごま油の輸出額が二六八万一〇〇〇ドル（約三億二二〇〇万円）にのぼり、前年同期比二〇七四％も増加し、そのうち対日輸出額が前年同期比九三五七％増加の二五七万一〇〇〇ドルだったそうです（韓国農林畜産食品部二〇一五年五月発表）。

輸出量が驚異的な伸びを示していますが、その輸出先がほとんど日本であることがわかります。韓国から日本へのえごま輸出量が増えた理由は、えごま油が人間の体内では作れず、しかも人体に不可欠な必須脂肪酸のα－リノレン酸を他の食用油に比べて豊富に含んでいるとされるからです。認知症やうつ病予防、心筋梗塞や動脈硬化を抑制、中性脂肪を減じるなどの効能が日本の方に注目され始めたからだと言えるでしょう。

ですから、えごま油に関しては、もはやコリアタウンのスーパーマーケットに留まらず、早くもメジャーデビューを果たしています。

でも私はえごま油だけでなく、えごまの葉も日本の方にお勧めします。韓国でももっとも一般的な食べ方はとてもシンプルです。えごまの葉にそのままご飯や味噌、焼肉、刺身などを載せて、包んで食べます。いわゆる「サムバップ（쌈밥　包みご飯）」です。

このほか、私がよく作るのは「ケンニップキムチ（깻잎김치　えごまの葉のキムチ）」と「ケンニップチャンアチ（깻잎장아찌　えごまの葉の醤油漬け・味噌漬け）」です。

海苔と同じように、温かいご飯を包むようにして食べますが、太りすぎを気にしながらもついつい食が進んでしまいます。

また韓国人は海苔を好んで食べます。そのため、以前は母から韓国のりにエゴマ油を塗りつける仕事をよくさせられたものでした。一度に一〇〇枚ほど、えごま油で味付けをしますから、結構大変でした。美味しいものをいただくためには辛抱強さも必要のようです。

ほかには「ケンニップムチム（깻잎무침　えごまの葉の和えもの）」や刻んだえごまの葉とチョコチュジャン（초고추장　唐辛子酢味噌）で和えても、チゲ（찌개　鍋）に入れても美味しいです。

えごまの葉はまだコリアタウンでしか見かけませんが、いつかメジャーデビューできることを願っています。何しろ文句なしの健康食品ですから。

日本でも栽培され、伝統的な食物として生活に定着している地域もありますから、きっとそう遠からず私の近所のスーパーマーケットにも並ぶようになり、わざわざ新大久保のコリアタウンに出かけなくてもすむようになるかもしれません。

7　包み食文化

韓国料理店へ出かけて焼肉を注文しますと、「サンチュ（상추）」と呼ばれる野菜が出てくることがあります。今でこそ「サンチュ」という韓国語名称がそのまま日本でも受け入れられ、スーパーマーケットにも出回っていて、日本の方にもすっかり馴染みのある野菜となっています。でもこの「サンチュ」が日本で馴染みある野菜になったのは、一九八六、八八年に韓国でアジア大会とオリンピックが開催されたり、激辛ブームなどで韓国への関心が高まり、韓国料理が日本へ大いに紹介され、受け入れられるようになってからだといわれています。

ところが中国、あるいはイラン、イラクあたりが原産だとも言われているこの「サンチュ」、実は奈良時代（七一〇～七九四）には日本に伝えられていて、「包菜《つつみな》」「掻《か》き萵苣《ちしゃ》」「茎萵苣《くきちしゃ》」などと呼ばれて、明治以前には日本でもおひたしなどにして一般的に食べられていたようです。つまり忘れられていた野菜が一九八〇年代以降、韓国料理の普及で「サンチュ」として改めて日本の食卓に並ぶようになったというわけです。

私が面白いと思ったのは「サンチュ」が日本でも「包菜」と呼ばれていたことです。韓国には「包む」という食文化がありますが、その食文化を支える代表的な野菜の「サンチュ」に、日本でも「包む」に関わる食べ方があったようで、「つつみな」と名付けられていることが、それを証明しているのではないでしょうか。

確かに、食物を何らかで包むという食べ方は、韓国の専売特許とは言えないようです。日本の「おいなりさん」は甘じょっぱく煮付けた油揚げに寿司飯を入れて包み込んだものですし、中国ですぐ思いつくのは、北京ダックや餃子、春巻でしょう。そして餃子のような食べ方はアジアだけでなくヨーロッパにもあります。

人間が食べるという行為で、ある食べ物を何かに包んで食べることは地域、民族を超えて広くおこなわれていると言ってよさそうです。

それにもかかわらず、韓国では食物を何かに包む食べ方は、日本と比べてかなり多いように思います。手のひら大で薄手で、穀物や肉などが包めそうな食材なら何でも包んで食べる傾向があります。ですから、焼肉だけでなく刺身や焼き魚、煮魚を食べるときにも葉ものの野菜に包んで食べることがあります。時には野菜（サンチュ、サニーレタス、エゴマの葉、蒸したキャベツや白菜、かぼちゃの葉、大豆の葉等々）だけでなく、昆布などでも包みますし、包むには不適当な青唐辛子や芹《せり》、ネギ、ヨモギ、にんにくなどは包み込む材料として使われます。

このように何かに包む食べ方が生活に根づいていますから、当然こうした食事には呼び方があって、「サムパプ（쌈밥）」と言います。「サム（쌈）」が「包む」、パプが「ご飯（밥）」のことで、強いて訳せば「包みご飯」となります。そして「サムパプ」に欠かせないのが「サムジャン（쌈장）」で、ご飯や包み込む食材につける独特の味噌です。これも強いて訳せば「包み味噌」でしょうか。

この「サムパプ」の歴史は古く、高麗時代（九一八〜一三九二）の後期にはすでにあったようで、農民たちが考案した食べ方だと言われています。七〇〇年ほどの歴史があり、当初は葉もの野菜に穀物を乗せ、唐辛子味噌などと一緒に包んで食べていたらしく、高麗時代の農村版ファーストフードとでも言えそうです。この当時はおそらく穀物だけを葉ものに包んで食べていて、肉や野菜も乗せて食べるようになったのは朝鮮時代（一三九二〜一九一〇）に入ってからだといわれています。

また包んで食べるということでは、四世紀頃から七世紀頃まで存在した高句麗、百済、新羅の三国時代を記した『三国遺事』（一三世紀）には、小正月の風習として「福裏《ポクサム》（복쌈）」を食べるという記述があります。

これは海苔や野菜でご飯を包んで食べることで、福を包んで食べるという意味があったようです。ただこちらは特別な日の、特別な食べ物として包むという食べ方が「サムパプ」よりさらに古い時代から風習として残されてきたことになります。

ところで、韓国では近年、「包む」に関わると思われますが、「サムカクキムパプ（삼각김밥）」が大変な人気食品となっています。日本語に直訳すれば「三角のり巻き」となりますが、日本の方にはお馴染みの「おにぎり」のことです。韓国のコンビニで「サムカクキムパプ」の売り場だけを見ますと、まるで日本のコンビニのおにぎり売り場にいるよう

な錯覚に陥ってしまいます。

面白いことに、この「サムカクキムパプ」が人気食品となる以前から韓国には「チュモクパプ（주먹밥）」という食品がありました。「チュモク（주먹）」は「握りこぶし」、「パプ（밥）」は「ご飯」の意味ですから、日本的にいえば「握り飯」、つまり「おにぎり」です。

ところが韓国人は、この「チュモクパプ」にはほとんど見向きもしませんでした。私も食べるなら「キムパプ（김밥　のり巻き）」の方で、「チュモクパプ」はほとんど食べたことがありません。「サムカクキムパプ」はよく食べますが。

韓国人が嫌った理由は、中国でもそうですが、ご飯は温かいものを食べるという習慣があったこと。また冷たくなったご飯の固まりなどは、貧しい者や施しを受ける者が食べるもの、という認識があったこと。さらには緊急避難的な非常食、あるいは携帯食といったイメージが根強く、それには朝鮮戦争期に体験した苦しく困難だった時代の記憶と結びついている人も多かったからのようです。

そのようなイメージでしか見られていなかった「おにぎり」が、なぜ韓国で人気食品となったのでしょうか。

それには業者の商品開発や販売方法などの努力も見逃せません。でも「チュモクパプ」を「サムカクキムパプ」と名前を変えただけでは韓国人には受け入れられなかっただろうと思います。受け入れられた一つの要因として、私は今回のテーマである「包み食文化」が大きく関わっているのではないかと見ています。

日本では「おにぎり」といっても、必ず三角の形をして海苔で包まれているものだけではなく、海苔なしのものもいろいろありますし、形もさまざまです。

でも日本式のお米だけの、あるいは海苔が部分的についているそれでは、韓国では「チュモクパプ」のイメージから抜け出ることはできず、売れなかったでしょう。

海苔で包み、韓国風味付けにしたからこそ、一大ヒット商品となったのだと思います。なぜ三角形になったのかというと、日本のコンビニ業界の食品販売部門で活躍した日本人が韓国企業から招かれ、日本風のおにぎりを定着させようと奮闘した結果でした。

この日本の企業マンが、韓国の「包み食文化」についてどれほど把握していたのかはわかりませんが、〝海苔で握り飯を包む〟ことは、韓国人の食の嗜好《しこう》にピッタリだったと言えそうです。とはいえ、韓国ですぐさま受け入れられたわけではありませんでした。二〇

○○年以降に「サムカクキンパプ」がこれほどの人気商品となったのには、それを後押ししたものがありました。それはすでに韓国人の食生活に根づいていた「キムパプ（김밥のり巻き）」の存在です。

何種類もの具がご飯の中に入って、海苔で巻かれた「キムパプ」から、多様な具がご飯と混ぜ合わされ、海苔で包まれた「サムカクキムパプ」への移行は、韓国人にはさほど抵抗なく受け入れられていったようです。

「サムパプ」は型にはまったものではなく、大変自由な食べ方だとも言えます。〝十人十《じゅうにんと》色《いろ》〟という言い方が日本にありますが、まさに〝十人十食〟で、同じ具材を使いながら十人いれば、十種類の食べ物が出来上がると言っていいでしょう。

韓国のスーパーマーケットにはサンチュのほかに包んで食べられる野菜（サムチェソ쌈채소）のコーナーがあります。食べたい包み野菜を好きなだけ選べるように、たいてい量り売りしています。私は韓国に帰ったときには日本ではなかなか手に入らず、いつも食べたいと思っている包み野菜を買いに必ずマーケットに立ち寄ります。マーケットには何種類もの包み野菜が売られていますが、面白いことに、地域によって野菜の種類が変わり

ます。

ご飯、肉や魚などを野菜その他で包む「サムパプ」は気取った食べ物とは言えません。自分好みの具を自分好みの量だけ包み込むものに乗せ、自分好みの味付けにして一口で口に入れる食べ方に〝お上品〟は似合いません。

この気楽さとさまざまな味を一度に味わえるのを特徴とした「包み食文化」は、これからも韓国の食事形式の一つとして消えることはないでしょう。

8 「秋夕」について

二〇一四年の中秋は九月八日でしたが、東京地方はあいにくの雨で、満月を眺めることはできませんでした。

「中秋の名月」という言葉は日本に来てから知りましたが、地球から見る月の位置が北半球では、この時期がいちばんきれいに、大きく見えるのだそうです。平安時代の貴族は月を直接眺めることはせずに、池やお酒が注がれた盃に映る月を眺めていたそうで、平安期の人びとはとてもロマンチックだったと思います。それだけ日本人には旧暦の八月十五日（中秋）は一年中でいちばん美しい満月が見られる日として知られていたようです。

「月月に月見る月は多けれど、月見る月はこの月の月」

私が日本に来て、まだ間がないときにある日本の方から教えられたのが、この短歌でした。季節はやはり九月だったように記憶しています。最初は何を言っているのかまったくわからず、ただリズム感があるのだけはわかりました。

「日本では十五夜のお月さんがいちばんきれいだと言われているからこのような歌がある」と説明され、旧暦八月十五日はススキを飾り、お団子、里芋、栗などを盛って「観月」の風習があることを知ったのもそのときでした。

私は日本にこのような風習があるのを知って、嬉しくなったものです。それと同時に韓国では同じ旧暦八月十五日は「秋夕《チュソク》（추석）」と呼ばれる大きな行事があり、ずいぶん違うとも思いました。

旧暦の八月十五日は、韓国人にはとても大切な祭日です。韓国の大きな祭日は「正月《チョンウォル》（정월）」「端午《タノ》（단오）」、そして旧暦の八月十五日の「秋夕」で、国をあげての三大行事となっています（かつて高麗時代には九つ、朝鮮王朝時代には四つの名節《ミョンジョル》があったようです）。どれも旧暦で行いますから、太陽暦よりほぼ一カ月遅くなります。「正月」は二月、「端午」は六月というわけです。そして現在では「正月」と「秋夕」は祝日をはさんで前後三

日間が連休となります。

旧暦の八月十五日という日付は同じですが、日本の中秋とは異なって、韓国の「秋夕」は何よりも先祖に収穫と家族が無事に過ごせたことを感謝をする祖霊崇拝の意味が強くあります。その意味では、日本の「お盆」のようなものでしょう。でも日本のお盆は新暦で行う地域と旧暦で行う地域がありますが、たとえ「旧盆」でも旧暦の七月十五日ですから「秋夕」とは違います。

よく九月頃の韓国観光案内で「日本の旧盆に当たる『秋夕』では、年中無休の店を除き、多くの店が休むので要注意」といったお知らせが入ります。おそらく日本の方に「秋夕」が理解されやすいように、「日本の旧盆」という表現を使うのでしょうが、これは誤解を生む恐れがあります。

日本のお盆は旧暦の七月十五日で仏教行事の「盂蘭盆会《うらぼんえ》」に通じています。お盆の入りには先祖の霊を迎える「迎え火」をし、お盆が終わるときには「送り火」を焚《た》くのはそのためでしょう。日本では、家の門口に茄子と胡瓜を牛と馬に見立てて置く家がありますが、初めてそれを見たときは、なぜこのようなことをするのかわかりませんでした。

韓国の「秋夕」では、迎え火や送り火はしません。そのかわり、必ず墓参りをします。そしてこれも〝必ず〟ですが、「伐草《ポルチョ》（벌초）」と呼ばれる、お墓の草取りや掃除をし、墓前にその年に採れた収穫物などのお供《そな》えをします。

でも仏教的な意味合いはありません。ですから、「秋夕」の説明としては「日本の旧盆に当たる」ではなく「収穫を先祖に感謝し、家族揃って墓参をする韓国の大きな行事」としたらどうでしょう。

それでは「秋夕」について簡単に紹介します。

何よりも「秋夕」とは何かです。その起源は実のところはっきりしていません。記録によれば、今からおよそ二〇〇〇年前の新羅時代の第三代目の王についての記述中に八月十五日の行事が「嘉俳《カベ》（가배）」として触れられています（『三国史記』の「新羅本紀」）。この「嘉俳」は、現在では「嘉俳日《カベイル》（가배일）」と呼ばれて「秋夕」を指します。

また漢字が使われるようになった新羅時代の半ば以降、中国の中秋（旧暦八月十五日）と月夕《げっせき》（旧暦八月十五日の夜）の言葉が一つになったという説もあります。

いずれにしても起源ははっきりしませんが、農耕民族としての生活から生まれたことだけは確かです。この時期は実りの季節で、収穫をもたらした天や祖先に感謝し、来年の豊かな実りを併《あわ》せて祈願しました。また一年間、収穫を得るために働いてきた自分たちを慰労する意味合いもあったと思われます。そのため、今でもお供えしたものを、そのあと集ってきた人びとと食べ、飲んだり踊ったり、さらにはいろいろな遊びをするのは、単なる祖霊崇拝だけでないことを教えています。

そして旧暦八月十五日が「秋夕」となったのは、農耕作業に欠かせない月の運行が人びとに月への信仰をもたらし、それが夜を明るく照らしてくれる秋の満月のときと組み合わされていったと思われます。「秋夕」が〝八月の真ん中〟という意味の「ハンガウィ（한가위）」や「中秋《チュンチュ》（중추）」と呼ばれるのもそのためでしょう。

①茶《チャ》礼《レ》（차례）

「秋夕」当日の早朝に行います。

その年に収穫された穀物の料理を先祖にお供えし、収穫を感謝する儀式で、家で行います。一般的には四代前までの先祖の名前が祭壇に記されます。必ず新米で炊いたご飯と新

酒と松餅《ソンピョン》（송편）という松葉で蒸した餅が供えられ、茶礼が終わると家族全員、あるいは親戚一同がお供え物を分けあって食べます。

②伐《ボル》草《チョ》（벌초）

早朝、家での茶礼が終わったあと、親族が集まってお墓参り（省墓《ソンミョ》 성묘）に行きます。そこでは最初にお墓の草取りをします。これを「伐草」と言います。

ここでもその年に収穫された穀物や酒などを先祖に供える儀式を行います。

ただ「伐草」は「秋夕」当日ではなく、前もってやり終えておこうというので、時間があるときに済ませることが多くなっています。そのため、どんなに遠くにお墓があっても伐草に出かけるため、最近では週末の高速道路の渋滞を覚悟しなければなりません。

日本ではあまり考えられませんが、韓国では今でも一族の一員という意識はとても強いように思います。

祖霊崇拝としての儀礼は以上ですが、「秋夕」に欠かせない食べ物について、少し触れておきます。

松餅はうるち米の粉を練って作った皮にゴマや小豆、栗、ナツメなどを包んで蒸した餅のことです。その名の通り、松葉を敷いて蒸すため、餅に松葉の香りが移っています。若い女性はこのソンピョン作りのときには、必ず駆りだされます。私も来日以前は毎年、母や祖母などから形の良いソンピョンが作れると「可愛い女の赤ちゃんが産めるよ」と言われたものでした。

ところでソンピョンの形は団子のように丸くなく、半円のような形です。言い伝えですが、百済から新羅に王朝が変わろうとしているとき、亀の甲羅に百済は満月のように丸く、新羅は新月のようだ、という文字が刻まれていたそうです。その噂を聞いた新羅の人びとが、お供えとしてのソンピョンを半円にして、これから月が満ちてくるように、新羅も次第に栄えることを願ったそうで、それが始まりだと言われています。

もう一つ土卵汁《トランクック》（토란국）という里芋のスープがあります。「秋夕」時期に収穫した里芋は栄養がいちばん豊富で、味も良いことから〝土の中の卵〟という意味で「トラン」と呼ばれるようになりました。

また日本でもお盆のシーズンにお中元として、親しい知人やお世話になっている人たちに品物を贈る習慣がありますが、「秋夕」のシーズンには同じようなことが行われています。デパートなどに特設売場が設けられ、一般商店も巻き込んで贈り物商戦が展開され、なかなか活気に溢れます。

日本では「暑さ寒さも彼岸まで」とよく言います。冬の寒さは春分の頃まで、夏の暑さは秋分の頃までには和らぐという意味ですが、「辛いこともやがては去っていく」という意味にも使われるようです。

韓国では「秋夕」に関連して「多からず少なからず、いつも秋夕の日のようであれ（ドマルゴ　トルドマルゴ　ハンガウィマン　カッタラ　더도말고 덜도말고 한가위만 같아라）」という言い方があります。「秋夕」の時期は暑くも寒くもなく、豊かな収穫に恵まれているこうした状態がいつまでも続くように、といった意味です。

両国のこの二つのことわざには、いずれも平穏で息災《そくさい》な生活を願う気持ちが共通してあるように思います。季節の移り変わりに思いを寄せたこのことわざから、両民族が農耕を主体とした生活を営んできたことが窺えます。

しかし一方で、日本と同じく核家族化が進み、親子でも離ればなれに住み、近隣家族とのつながりも薄れてきているのが現状です。それでも「秋夕」だけは、なんとか家族や親戚が一同に集まろうとしています。

先祖を大切に思い、礼を尽くすという習慣は大切だと思います。これは家族を思い、地域の人びとを大切にする気持ちにつながっているはずです。

「秋夕」になると、民族大移動などとマスコミでは報道しますが、たとえ長時間の移動であっても故郷に帰り、家族、親戚、近隣の人びとと秋の収穫を祝い、共に食事をする風習はいつまでも続いてほしいと願っています。

伝統や古い習慣、風習が消えていく韓国ですが、「秋夕」だけは今後も国民的行事として決して廃《すた》れることはないだろうと信じています。

第三章

生活・慣習

1　お墓事情あれこれ

韓流ドラマが日本で数多く放映されているからでしょうか、教え子から「韓国ドラマでときどき海や川、山で白っぽい粉をまくシーンがあるけれど、あの白い粉は何か」と聞かれることがあります。

散骨という習慣が日本ではあまり馴染みがないため、よく理解できずにこのような質問が出てくるのでしょう。

ただ韓国でも散骨が国民の間にそれほど浸透《しんとう》していたわけではありません。しかし狭い国土ですから、墓地が不足してきているのは確かで、その解決方法の一つとして、散骨が取り入れられ始めています。

もっとも年配の方には散骨以前の火葬にさえ、抵抗感を抱く人がそれなりにいることも否定できません。これには韓国人の死生観や伝統とも関わっています。その意味では、日本でも同様の考え方があって、『古事記』には「常世国《とこよのくに》」、つまり死の世界は地下にあると信じられてきて、やはり土葬が行われてきました。日本で火葬が一般庶民の間で取り入れられ始めたのは江戸時代からだそうです。当時の江戸は人口が多かったことも、火葬が増えた大きな理由ですが、もう一つは、寺院が多く、現在の火葬場に当たる荼毘所《だびしょ》を持つ寺院がそれなりにあったというのも理由のようです。

一四世紀の朝鮮王朝では、仏教を廃し、中国から流入した朱子学が重んじられ、祖先孝行の意味から肉体を焼くことが禁じられました。こうして一五世紀末には、火葬はほとんどなくなってしまいました。

このような歴史の積み重ねに基づいた習慣や風俗は、そう簡単にはなくなりません。ですから、ソウルなどの大都市から地方に向けて、車で高速道路を走らせていますと、左右の山の斜面のあちらこちらに丸く土が盛り上がっている風景が目に飛び込んできます。実はこれがお墓なのです。

日本の一般的なお墓のイメージとはかなり違っていて、韓国では、山全体が一族の墓地ということも珍しくありません。土葬墓ですからお墓は一人だけのもので、他の人のお墓は少し離れた場所に作られます。

私の曾祖父母のお墓も山にありました。私の家系には残念ながら、お金持ちはいませんでしたので、お墓は村人たちの共同墓地でした。「秋夕《チュソク》」（本書一五四頁〜、二二〇頁〜参照）にはお墓の掃除をしますが、韓国のお墓は山そのものですから、まさに掃除をするとは山の「草を刈る」ことになります。

日本のお墓の掃除や草取りとはまったく違って、「伐草《ポルチョ》」は一仕事という感じです。そのため、作業着で出かけなければなりません。でもこうした先祖が眠っているお墓の草取り作業を通して、家族や一族の絆がより強くなっていくように思います。

私の父方の曾祖父母のお墓（山）に行ったのは、私が幼稚園児のときでした。両親はこれまで以上にたくさんのお供え物を作って行きました。なぜならそれが最後の墓参りになるからでした。曾祖父母のお墓がなくなることがわかっていたからです。

理由は土地開発という公共事業によって、市から譲渡を要請されたからでした。長男だった父は新たな土地（山）を求めてお墓を移すことを諦め、結局、火葬にして川に散骨しました。日本でも土地開発などで共同墓地を移転させるということは時として起きますが、多くが土葬ではありませんから、お墓の移転は韓国ほど大変ではないと思います。

また数年前ですが、帰省した機会に母方の曾祖父母のお墓参りに弟と出かけました。ところがその山にあるはずのお墓が見当たりません。なんと一カ月ほど前にお墓を掘って火葬にしたというのです。その山は親族が所有していたのですが、それを売却するためでした。このように、もはや家族や一族の墓地として一つの山を維持していくのは難しくなってきています。今後は伝統的なお墓を持ち、維持できるのは一部の裕福な人たちだけになっていくのではないでしょうか。

これまで韓国では、死体を傷つけてはいけない、火葬にするのは親不孝だと考えられてきました。また風水的に良い場所にお墓を作ると子孫が繁栄すると考える価値観も根強くありました。でも急激な土地開発と都市化の波で、深刻な土地不足が現実となってきています。国や自治体もこうした状況を放置できなくなってきて、二〇〇〇年には葬事に関する法律が全面的に改正されました。この法律は納骨施設の拡大を図ろうとするもので、韓国の人びとの葬礼文化、特に土葬に対する認識に大きな変化が生まれ始めています。

その結果、韓国の火葬率は一九九〇年代初めは二〇％未満でしたが、その一〇年後には三三％台に、二〇一七年に七〇％台に達しています。相当の速度で火葬率が上がっていることがわかります。

おそらくソウルなど大都市では、私の家族もそうですが、ほとんどの人びとが土葬を諦めて火葬を考えていると思われます。そうなればお墓の形態が大きく変わることは言うまでもありません。これを裏づけるように、火葬した遺骨を樹木、草花の下などに埋めるか、散骨する自然葬制度が導入され、ソウル市には散骨するための公園もできています。

土葬から火葬へ、そして納骨堂の普及、さらには散骨や自然葬へ、少なくとも他の習慣や風習を大切に守ろうとしてきている韓国の人びとのなかでは、特異と言っていいほど劇的な変化を遂げていると思います。

土葬を続けていくかぎり、墓地としての土地がなくなり、いま現在、生活している人びとにしわ寄せが及ぶとなれば、お墓や葬儀の形式を変えるしかないのはやむを得ないのかもしれません。ただ人びとの死生観に変化が生じなければ、これほど火葬率が伸びることはなかったでしょうし、葬墓《そうぼ》文化に大きな影響を及ぼすことはなかったと思います。

その意味では、土地がないという重大な理由があるにしても、韓国の人びとの伝統的な死生観や風俗、習慣が急激に変わってしまったのは驚きに値します。

2　二〇一四年九月、結婚式場は閑古鳥？

二〇一四年九月、韓国の多くの結婚式場では閑古鳥《かんこどり》が鳴くのではないでしょうか。その理由は？

①旧暦に関わります。

②月の満ち欠けを周期とした太陰暦による季節のずれに関わります。

③ずれを修正するためです。

答えは「閏月《うるうづき》」です。でもこれだけでは「結婚式場は閑古鳥」の理由はわからないと思います。

太陽暦の生活が当たり前になっている日本では、「閏月」とは何か、理解できる人は少ないでしょう。念のために言い添えますが「閏年」ではありません。

そこで「閏月」とは、から始めましょう。

通常、旧暦と呼ぶのは「太陰太陽暦」を指していて、これは太陰暦と太陽暦の要素を組み合わせたものです。太陰暦は月の満ち欠けの周期から成り立っていますから、一周期で一カ月となり、およそ二九・五三日です。つまり一年は三五四・三六日となります。私たちの現在の常識では、一年は三六五日で、これは太陽暦で春夏秋冬もそれに基づいています。しかし太陰暦では、毎年およそ十一日ずつ、季節にずれが生じていくことになります。

太陰暦に従いますと、計算上、一七年でおよそ一八五日も季節とずれて、春夏秋冬がまったくひっくり返ってしまうことになります。韓国には昔から「女が恨を抱くと五、六月に霜が降る」という俗説がありますが、この季節のずれを無視すると、とんでもないことになるという比喩です。そこで調整がどうしても必要になります。こうしておよそ三年に一回（一九年に七回）、暦の日付と季節のずれを調整するために「閏月」が出現することになります。

日本では旧暦が通常の生活に大きく関わることは農事や伝統行事を除くとあまりありま

せん。でも韓国では、現在でも旧暦が生活に根づいています。正月も日本のように太陽暦に基づいていません。ですから、一月一日の元旦も日本とは違って、当日だけが休日で、盛大に正月として祝うのは旧暦の正月です。私も日本に来た頃は、太陽暦の正月に馴染めなかったものです。今でも韓国にいる親や兄弟などには旧暦の一月一日に新年の挨拶をしています。

また役所への出生届も旧暦で届け出る人が珍しくありませんし、五、六十代以上の人では、むしろ旧暦で届け出ている人が多いと思います。

さて「閏月」に戻しましょう。およそ三年に一度巡ってくる「閏月」が二〇一四年にはあり、九月と十月の間にもう一回九月が置かれました。それが「閏九月」で、この「閏九月」は一八二二年ぶりのことでした。

そして太陽暦の「十月二十四日」が「閏九月一日」です。つまり韓国では二〇一四年は十二カ月ではなく、十三カ月でした。

ただし「閏月」はいつも九月とは限りません。ちなみに前回の二〇一二年は「閏三月」でした。このように閏月が挿入される時期は月の周期で決まりますから、一定していません。おわかりのように、表題の「二〇一四年九月」とは、「閏九月」を指していたわけです。

それでは、なぜ「結婚式場は閑古鳥」なのでしょうか。閏月は「空月《コンダル》（공달）」とも呼ばれます。「空《コン》」つまり「〝からっぽ〟の月」というわけで、「神（鬼神）の知らない、余分な月」であり、悪の神も善の神もいない月のため、忌《い》み嫌われる出来事にも厄《やく》がつきにくいと考えられています。

そのためこの「閏月」には、死者の霊が動き回らないからと墓の手入れや改葬をする人が増えます。また家の修理や引っ越しなども妨害する霊がないとされて、積極的に行われます。その一方で、善の神もいないため「要注意の月」とも受け止められています。「結婚式場は閑古鳥」とは、この「閏月」には結婚式をなるべく避けようとするために起きる現象なのです。結婚式だけではなく出産も控えようとします。

迷信や俗説に引きずられるのはくだらないと考える若者が韓国にも増えてきました。結婚式場が「閏月」には値下げをするので、ちゃっかりこの機会を利用して結婚費用を安くあげようとする若いカップルもいます。ただ長い間、培われてきた伝統やしきたり、風習というものには、それなりに人びとを納得させる何かがあるからこそ続いてきているのだろうと思います。

たとえば「閏九月」は一八二年ぶりだと書きましたが、「閏月」での出産を避けようとするのは、誕生日が毎年巡ってこなくなり、親としては少々ためらいが生じてしまうからです。

私の兄は閏月ではありませんが、旧暦の三月三十日に生まれました。旧暦では三十日が必ずあるとは限りませんので、誕生日がない年が出てきます。二〇〇〇年代に入ってから二〇一四年までに、兄が誕生日を迎えたのは八回にすぎず、これから東京オリンピックが開かれる二〇二〇年までですと、三回しかありません。

また結婚式も「善の神様がいない月」ですから、何か災厄《さいやく》が及んでは困る、できるなら「閏月」での結婚式は避けようなどと親はついつい考えてしまいます。

「閏月」に関わる韓国人の対処は、ほとんど根拠のない俗説を信じてのことです。でも子どもたちの幸せを願うなら、たとえ俗説だろうと、なるべく避けようとするのは親心というものでしょう。

結婚式場に閑古鳥が鳴くような事態になるのは、おそらく親たちの意を汲んだ若いカップルが親孝行のつもりで従っている結果だと思います。

言い換えれば、親の気持ちを汲もうとする韓国の若者がまだそれなりに多くいる証明ですので、結婚式場には申し訳ないのですが、なんとなく嬉しくなります。

ちなみに、二〇一四年の次の閏月は二〇一七年、その次の閏月は二〇二〇年四月で、四月と五月の間にもう一回、四月が置かれます。

3 韓国の正月は新暦？

毎年一月一日は新しい年の第一日目です。

でも私はまだ「正月」を迎えたという気分になれず、どこか他人ごとのように感じられます。なぜなら韓国人にとっての「正月」は旧暦で行うからです。

私を含めて韓国での正月は旧暦で行うと多くの人が認識しています。ただ驚くのは、旧暦の正月「ソルナル（설날）」が政府公認となったのは、盧泰愚《ノテウ》（노태우）大統領時代の一九八九年のことで、わずか三〇年ほど前のことでしかないのです。

なぜなのでしょうか。

朝鮮半島は一九一〇年から一九四五年までの三五年間、日本に支配され、正月も「新

暦」で祝うことが強制されました。たとえば「旧正《クジョン》（구정　旧暦の正月）」にお餅を作ったり、先祖への法要である「茶礼《チャレ》（차례）」を行ったり、その他正月の行事をすると処罰されました。こうして「新正《シンジョン》（신정　新暦の正月）」が正月ということにされてしまいました。

日本の統治が始まる一九一〇年以前、民間では「正月」は当然のように旧暦で行われていましたが、実は一八九五年の「乙未《いつび》改革《かいかく》（ウルミゲビョク　을미개혁）」では、「太陰暦（旧暦）」を廃止して「太陽暦（新暦）」の採用を決定しています。そのため、政府の公式行事はすべて新暦で行われ、「新正」こそが新年の初日と定められました。

　この点は韓国人でも忘れたり、知らなかったりするのですが、日本に強制される以前に朝鮮民族はみずからの手で太陽暦を採用し、「新正」を正月として扱い始めた時期があったのです。

　ちなみにこの「乙未改革」とは、日清戦争（一八九四年七月〜九五年三月）で日本が清国に勝って「下関条約」を結んだ直後の一八九五年四月二十三日にフランス、ドイツ帝国、ロシア帝国の三国が日本に勧告を行ったことに大きく関係しています。日本では「三国干《さんごくかん》渉《しょう》」と呼ばれている出来事です。

この勧告とは、「下関条約」で日本の領土の一部となった遼東半島を清国に返還するよう迫った内容で、日本はこの三つの大国への対応に追われることになりました。その結果、朝鮮での日本の影響力が弱まり、これを好機として朝鮮時代の第二六代王・高宗《コジョン》（고종）の妃・閔妃《ミンビ》（민비）を中心にした親露派が台頭しました。その結果、日本の強い影響下で進められていた近代化が頓挫《とんざ》してしまいました。

ところが一八九五年十月八日、日本公使三浦梧楼《みうらごろう》が中心となって日本軍守備隊、領事館警察官、朝鮮親衛隊、朝鮮訓練隊ほかが朝鮮王朝の王宮だった景福宮《キョンボックン》に乱入し、閔妃を暗殺してしまいました。

そのあとを引き継いだのが金弘集《キムホンジップ》（김홍집）で、彼は再び急進的な近代化政策を推進しました。これが「乙未改革」と呼ばれるものです。旧暦から新暦への移行を始め、断髪令、「建陽」という新しい元号の制定、軍制改革、学校教育制度や郵便制度の改革、科挙制度の廃止、銀本位貨幣制度の導入、度量衡の統一などが実行されました。

しかしこれらの改革があまりにも急激だったため、保守派からの激しい反発が起きてしまい、一八九六年二月十一日に金弘集は殺害され、乙未改革はあっけなくつぶれてしまいました。このように「乙未改革」が大変、短期間で終わってしまったため、日本の植民地化以前に「太陽暦」が導入され、新年初日は「新正」で行うと定められたことを知らない韓国人が多いというわけです。

　こうして「乙未改革」での制度改革は人びとには浸透せず、伝統的に正月は「ソルナル(설날)」、つまり旧暦の一月一日に行われてきていました。

日本に統治されていた三五年間は強制されて「新正」が続きました。ところが独立後の一九四五年以降も李《イ》承晩《スンマン》(이승만)、朴正熙《パクチョンヒ》(박정희)政権は「旧正(旧暦の正月)」への回帰を認めませんでした。太陽暦と太陰暦の二つの正月を祝うのは「二重に新年を祝う」ので無駄というのが理由でした。こうして太陽暦が韓国政府みずからによって推進され、「新正」が正月とされ続けました。

　しかし韓国の歴史書『三国遺事』には、西暦五〇〇年より少し前頃(新羅時代の前半頃)に「ソルラル」を祝ったという記録が残されています。一つの民族が長い歴史を刻んで守り続けてきた風習は、そう簡単に消えない証明ですが、政府が「新正」を推進しても多くの家庭では「旧正」でのお祝いを続けてきていたのです。

そのため一九八五年、当時の全斗煥《チョンドゥファン》（전두환）大統領は「新正」はそのまま維持しながら、一方で「民俗の日」という名称で「旧正」の一月一日だけを祝日に制定しました。いわば〝笛吹けど踊らず〟状態の国民を見て、一種の妥協案を提案したというところでしょうか。でも所詮は妥協案でしかありませんでした。「民俗の日」では国民は納得せず、きちんと伝統文化や風習を尊重すべきだという声が高まってきました。こうして一九八九年に「旧正」が正式に復活し、「民族の日」は消えました。

「ソルナル」が戻り、現在は三日間が祝日となっています。その一方で、「新正」は元旦だけ休みとなり、正月行事は基本的には行われません。これが韓国の「正月」の変遷です。

ごく当たり前のことですが、一つの伝統が守られ、維持されるには、その民族の歴史と民族の意識が浸透しているということをあらためて認識した次第です。

4 「先生の日」から思うこと

五月下旬のある日、韓国の留学生から「스승의 날（ススンエナル）ですので、これをどうぞ」とハンカチをプレゼントされました。

日本での生活習慣に馴染んでしまっている私は「ススンエナル」と言われて、「あっ、そうだった」とようやく気づく始末でした。

「ススン」を漢字表記すれば「師匠」です。韓国では、五月十五日は教師に感謝する「先生の日」だったのです。

日本には教師に感謝する特別な日はありませんが、ユネスコは一九九四年に十月五日を「世界教師の日」と定めています。そして現在、世界では六十カ国近い国に「教師の日」

があるようです。もっとも日にちはユネスコの「世界教師の日」に合わせているわけではなく、かなりばらつきがあります。

韓国での「先生の日」は、一九五八年に大韓赤十字社が世界赤十字の日である五月八日を記念して、いくつかの学校に青少年赤十字が結成され、そこで先生への感謝、慰労の行事を開いたことに始まります。広く定着するようになるのは、一九六五年に世宗《セジョン》大王の生まれた五月十五日を「先生の日」としたことからです。朝鮮時代第四代国王である世宗大王はハングルの創始者として韓国では大変尊敬されていますから、この人物の誕生日を「先生の日」と定めたのも頷《うなず》けます。この日は、国が定めた法定記念日ですから、政府の該当する部署が国としての行事を行うことになっています。

「先生の日」になると、おそらく母親が用意した花やプレゼントを持って、小学生が登校する姿をよく見かけます。花はカーネーションが多いです。カーネーションの花言葉には「深い愛」「敬愛」といった意味があるからだと言われています。また韓国では、五月八日が「両親の日」（日本のように「母の日」「父の日」と分かれていません）で、やはりカーネーションを送るのが一般的です。そこで「自分の両親への思いと同じです」という気持ちを表すため、カーネーションを贈るのだとも言われています。

ただ花や小さなプレゼントでしたら先生への感謝という意味で、ほほえましいのですが、保護者がこの日にかこつけて、高価な贈り物をする傾向が私が中学生の頃から強まってきていました。少しでもわが子への関心を高めてもらおうと考える親心なのでしょうが、こうした悪弊は子どもの教育に良いはずはありません。

政府はこうした悪弊を断ち切ろうと、かつて全国の小、中、高のおよそ七割で「先生の日」当日を休校とする措置をとったこともありました。でも教師への贈り物がますます高額化してきていて、それは二〇一六年九月に施行された「金英蘭《キミョンラン》法」（本書五七頁～参照）まで続きました。

ただ私は子どもや保護者がお世話になっている教師に感謝の気持ちを伝えるのは、大変良いことだと思っています。日本の方は先生へのプレゼントなどはあまりしないようですが、心から尊敬し、感謝できる教師に「ありがとう」を形にするのはむしろよいことではないでしょうか。もっとも本当に尊敬できる教師がどれほどいらっしゃるかはわかりませんが。

二〇一五年三月に韓国職業能力開発院が小・中・高生を対象（約一八万人）にした進路

希望調査を発表しました。それによりますと、いちばん人気の高かった職業は「先生」でした。およそ韓国の五人に一人の生徒が職業として、教師を希望していることになるそうです。日本では、教師になりたいと考えている生徒、学生がそう多くないと聞きます。また私自身、小・中・高生時代、教師になりたいなどと考えたことはありませんでした。

それに私が韓国にいた頃は、教師の給与水準は民間企業より低かったと記憶しています。現在、教員の給与水準は日本とほぼ同じで、世界でも上位にあります。しかも終身雇用ですので、女生徒たちには人気職種となっています。

ところが、ちょっとショッキングな数字があります。

実際に教師になった人の二〇％が「後悔している」というのです。これはＯＥＣＤ加盟国中最多で、加盟国平均の二倍にもなっているそうです。

さらにショッキングなのは、教師を尊敬していると回答した生徒たちがわずか一一％しかいないというのです。

韓国は日本以上の学歴社会です。しかも何を学んだではなく、出身大学こそが問われます。それだけに生まれたときから一流の大学、一流の企業への就職という重圧が子どもたちにのしかかってきます。実は私も子どもも心にこの重苦しい空気がとてもいやで、結局、韓国を飛び出してしまいました。

また親は子どもの教育のために必要な資金は、借金してでも調達することを当然と考えています。韓国では、満二歳前後で早くも子どもを塾などに通わせ始め、小学校入学時でのスタートダッシュを図ろうとします。

凄まじい重圧、激しい競争、余裕のない学習スタイルなどのストレスから、学校で問題を起こす生徒も少なくありません。さらにいじめや暴力事件、そして自殺念慮者数の割合の増加など大きな社会問題となっています。

一方、教師には保護者たちの異常なほどの教育熱心さが「いい結果を出さなければならない」という重圧となって、襲いかかってきます。それは学校間での競争にもつながり、常に保護者たちからは厳しい目が注がれ続けます。

生徒たちが塾に通うのは当たり前で、クラスの授業進度とその内容の調整に教師は神経と労力を使うことになります。そうでないと保護者から批判されてしまうからです。また塾での教え方にも神経を使わなければなりません。学校での教え方と異なっていることがよくあるからです。

こうみると、教師となった二〇％の人が「後悔」するのも無理ないかもしれません。とにかく教師も生徒も、ゆとりや遊びがまったくないのが韓国の教育界です。

また教師が尊敬されない理由には、今述べたことだけでなく、ただ勉強だけを強いる教育環境も大きく影響しているでしょう。

生徒たちの学業ストレス、いじめ、校内暴力、インターネット中毒などがはびこる環境に教師たちがあまりにも無力であるため、生徒たちの無言の不満が蓄積されていく現状が横たわっているからではないでしょうか。

生徒から尊敬され、感謝されている教師もたくさんいらっしゃるはずです。そうした教師は、ただ上からの目線で教育するのではなく、生徒たち一人ひとりと真摯に向き合っているのだと思います。少なくとも私はこのような教師には自然と尊敬の念が湧いてきます。

今回の教師をめぐる数字は、私にはいささか衝撃的でした。それだけに、形だけの「先生の日」ではない、心のこもった教師に感謝する「先生の日」が韓国に来ることを祈るばかりです。

5　七夕は旧暦で

東京地域の「七夕」当日の天気ですが、二〇〇七〜二〇一六年までの一〇年間を気象庁のデータで調べますと、晴れたのは四回だけで、あまり天気には恵まれていないことがわかります。梅雨の時期に当たりますから当然でしょう。

韓国では「칠월칠석（七月七夕《チルオルチルソック》）」を「칠월칠석（七月七夕）」、あるいは「칠석（七夕《チルソック》）」と言います。日本と同じように、天の川を渡って牽牛《キョヌ》（견우）と織女《チンニョ》（직녀）が一年ぶりに会える日と言われています。そして私は「七夕」に雨が降ると良かったと思います。

それは牽牛と織女がようやく会えて、嬉しさのあまり涙を流すからだと韓国では信じられているからです。七月七日の晩だけでなく、翌日も雨だと、二人が別れを惜しむ涙だと言われています。ですから、多くの韓国人は七夕は雨で当然と考えます。

でも日本では「七夕」当日が雨だと、織姫と彦星が会えなくなると考えられていて、残念がる人が多く、その意味では、「七夕」当日の雨の捉え方は韓国の方が日本よりロマンチックではないでしょうか。

ところで、この「七夕」ですが、日本では「七月七日」に各家庭で特別の行事をするということはあまりないようです。デパートやスーパーマーケット、商店街などが「七夕」を大いに利用して、大ぶりの竹に五色の短冊やその他のきれいな七夕飾りを出しているのを見て、ようやく「七夕」と気がつくほどです。

日本の「七夕」は、一般家庭での年中行事としては、軽い存在になってしまったようです。もともとは五節句（本来は「節供《せっく》」と書くのが正しいようです）の一つとして、江戸時代には一年の暮らしのなかでの重要な行事で、神祭を執り行う日とされていたようです。

ちなみに五節句とは、人日《じんじつ》（正月七日）、上巳《じょうし》（三月三日）、端午《たんご》（五月五日）、七夕《しちせき》（七月七日）、重陽《ちょうよう》（九月九日）で、いずれも旧暦での行事でした。

すべて中国から伝えられたもので、韓国では、「端午」「七夕」「重陽」が「名節《ミョンジョル》（명절）」

として、現在でも行事が行われていて、日本の節句と重なっています。ちなみに奇数が重なる日は生気が満ち溢れる縁起の良い日と考えられています。韓国には日本とは異なる「名節」もありますが、それは別の機会に譲ることにします。

日本の「七夕」伝説では、わし座のアルタイルが彦星、こと座のベガが織姫として知られていますが、韓国では中国から伝えられたまま、牽牛星《キョヌビョル》と織女星《チンニョビョル》、あるいは牽牛《キョヌ》、織女《チンニョ》と呼びます。

韓国の「七夕」では、特に女性は織女星に向かって〝織女のように手先が器用になって手芸や裁縫が上手になりますように〟と願います。これはもちろん、織女が機織りの上手な働き者の娘として語り伝えられているからです。

ちょっと横道にそれますが、日本に来た当初、「七夕」という漢字が読めませんでした。また「たなばた」と読むと教えられても、なぜこのように読むのかやはりわかりませんでした。その謎解きは日本独特の「棚機女《たなばたつめ》」信仰と関わりがあることを、私自身の研究領域を進めている過程で知ることになりました。

この言葉は『万葉集』に記されていて、「棚機女」とは、機織り機械を操る女性を指しています。この当時、天から降りてくる水の神のために、女性が水辺に作られた「機屋《はたや》」に入って布を織るという習慣があったそうです。

こうした習慣と中国から伝えられた「織女」の伝説が似ていたため、この二つが合わさり、「棚機女」とつながって、「七夕」を「たなばた」と読むようになったようです。

七夕の日には、韓国の家庭では「ミルジョンビョン（밀전병　小麦粉の薄焼き餅）」と季節の果物、それに水を供えて、家内の安全、平穏を祈願します。また女性だけでなく、男の子たちは頭が良くなりますようにと、夜空に向かって星の形を描いて、祈願します。

七夕の日の料理としては、「ミルジョンビョン」のほかに「ミルクッス（밀국수　小麦粉で作った麺）」を作ります。またいろいろな果物を混ぜたジュースを飲みます。でもこうした習慣がだんだん韓国の家庭から減ってきているのは確かです。実を言うと、我が家でも「七夕」を盛大に祝っているとは言えません。

ところで日本の七夕にあって、韓国の七夕にないものがあります。

それは竹です。日本では七夕と竹は切っても切れない関係で、「七夕竹」には願い事などを短冊《たんざく》に書いて竹の枝に結んで下げます。近世になって生まれた風習だということです。

私も初めて目にしたときは驚くと同時に、その美しさに思わず見とれてしまったことがあります。風などに竹や短冊が揺れている様子は涼しげで、気持ちが休まるような気がします。

でも日本は明治時代になって、旧暦廃止、太陽暦採用で「七夕」をはじめとする行事が、実際の気候や農作業、収穫物とにズレが生じてしまいました。

韓国では、年中行事などの風習や習慣は旧暦で行い、私もそれが当然だと思っていますので、太陽暦での日本の「七夕」には違和感があります。

星や月や太陽と私たちとの関わりで言えば、「七夕」は旧暦の七月七日の頃こそ、牽牛、織女、天の川それぞれがいちばんきれいに見える位置に来るはずです。しかも雨になる確率も梅雨が終わっていますからずっと減るはずです。

「七夕」だけではありませんが、旧暦に馴染んできた私からすれば、日本の生活サイクルに大きな障害とはならない「七夕」ぐらいは、せめて全国的に旧暦で行ったらどうかと思ってしまいます。実際、旧暦で行っている地域もあるのですから。

普段はあまり空の星を眺めることなどしない私も、「七夕」の頃は夜空を見上げることが増えます。でもそのとき、目指す星がよく見えないのです。私たちは生活上の便利さを手にしたのと引き換えに、失ってしまったものも多く、悲しくなります。夜の暗さが奪われてしまった都会の悲しさと言っていいかもしれません。それは日本はもちろん、韓国でも同様です。

天空から降ってくるように輝く星たち、天の川と呼ぶにふさわしい帯状の薄白く見える星の群れ、そして牽牛、織女が都会でもはっきり見えるようになることなど、もうありえないのでしょうか。

「七夕」に地上に落ちる雨は、牽牛と織女が一年ぶりに会えた喜びの涙ではなく、自然を破壊していく人間たちを悲しんだ二人の涙なのかもしれません。

6 旧暦（太陰太陽暦）と韓国人

韓国人に旧暦への違和感はなく、むしろ日常生活にごく自然に溶け込んでいます。

そのため韓国の年中行事などを紹介したり、説明したりする際には、どうしても旧暦についても説明する必要が出てくる場合があります。日本でも旧暦が日常生活に溶け込んでいた時代がありましたが、今では本当に遠い存在になってしまったようです。

日本は明治五年（一八七二年）十二月三日を明治六年一月一日（一八七三年一月一日）としました。この日から明治政府はそれまでの太陰太陽暦＝旧暦を廃止し、太陽暦（グレゴリオ暦）＝新暦の採用に踏み切りました。

それは旧暦の明治五年十二月二日が太陽暦の一八七二年十二月三十一日に当たったから

で、かなり強引に旧暦から新暦に転換しました。その結果、旧暦の明治五年は十二月二日までしか存在しなくなってしまい、明治五年は通常の一年分の日数から二八日間が消えてしまいました。現在でしたら大騒ぎになったことでしょう。

しかも旧暦から新暦への転換をまったくと言っていいほど国民に啓発、宣伝しなかったようです。なにしろ布告から施行まで、わずか二三日間しかなかったのですから、国民に丁寧に説明することなど、最初から無理だったわけで、なんとも乱暴なやり方だったと言えます。

ですから、福沢諭吉が『改暦辨《かいれきべん》』（一八七三年）を素早く書き上げ、新旧の暦の差異を丁寧に説明して、理解させようとしたことは、さすが新暦採用推進論者でした。それでも大きな混乱が起きたと言われています。

混乱だけでなく、大きな損害を被《こうむ》ったのが印刷業界だったそうです。なにしろ翌年の暦はすべて印刷が終わっていたのですから。

金銭的な損害は金融業界にも及んだそうです。

月末決算が当然だった当時、十二月二日までで、「月末」がなくなってしまい、年末も消えてしまったのですから、多額の債権が踏み倒されてしまったというわけです。

また農民も大いに困ったということです。それまではすべて旧暦によって農作業を進めていたのですから。

このように大きな混乱のなかで日本は今から一四〇年以上も前に新暦採用に踏み切りました。一方韓国では、日本に遅れることわずか二十数年で、旧暦から新暦への転換を実行していました。ただあまり民間で普及しないまま、一九一〇年から日本統治が始まり、新暦採用が実施されました（本書一七六頁〜参照）。こうして一九四五年までの三五年間は、表向きには旧暦は完全に姿を消してしまいました。なにしろ旧暦の正月にお餅を作ったり、先祖への法要である「茶礼《チャレ》（차례）」や正月の行事をするだけで処罰されたのですから。

ところが日本統治時代が終わっても、韓国政府は新暦を旧暦に戻しませんでした。政府としては当然だったろうと思います。世界との友好関係を築いていかなければならないときに、きわめて限定的な旧暦を採用しているわけにはいかなかったでしょうから。

しかし韓国人の心情としては、年中行事などが新暦で行われることへの大きな抵抗感がありました。そのため積極的に旧暦での行事へ戻すようになりました。

旧暦から新暦への転換が同じような時期に実施された韓国と日本ですが、韓国では、人びとの旧暦への愛着はうねりとなって大きくなっていったのに対し、日本は次第に限定的、個別的となり、日本人の旧暦への愛着は次第に薄らいでいってしまいました。

その意味では、韓国と日本は正反対のコースを歩んだようです。

その一つが旧暦の正月「ソルラル　설날」が盧泰愚《ノテウ》（노태우）大統領時代の一九八九年に政府公認とされたことでしょう。わずか三〇年ほど前に国民の総意として、いわば〝先祖返り〟を実現し、今では韓国人にとって、旧暦の正月こそ正月であり、国民の祝日として旧暦一月一日を挟んだ三日間が休日となっています。

ただ合理性を指向すると、旧暦というのはかなり厄介なシロモノかもしれません。たとえば正月ですが、二〇一五年の正月は新暦では二月十九日でしたし、二〇一六年は二月八日でした。

ちなみに二〇二〇年までの旧暦正月を新暦と対照してみますと、次のようになります。

二〇一五年二月十九日　二〇一六年二月八日　二〇一七年一月二十八日

二〇一八年二月十六日　二〇一九年二月五日　二〇二〇年一月二十五日

一つとして同じ日がないことがわかります。つまり太陽暦のように固定していないのです。そのため万事が合理的になってきている日本では、旧暦は不便なもので、わかりにくいと映るようです。

現在、韓国でも地球が太陽を一周すると一年、日数は三六五日（四年に一度は三六六日）とする太陽暦が使われています。世界との共通性を図る上で毎年、日にちが大きくずれ込むのは都合が悪いからです。太陽暦の良いところは、季節とカレンダーが一致していて、春夏秋冬がカレンダーとずれることがないことです（正確には一年を約三六五・二四二一九九日≒三六五日五時間四八分四六秒弱で、四年に一度、一年が三六六日（閏年）となり、二月が二九日となります）。

一方、「太陰太陽暦」は、月の満ち欠けを基本としています。月が地球を一周する周期は二九・五日ですから、一年はおよそ三五四日となり、「太陽暦」とは一年で十一日、三年で約一カ月、季節がズレてしまいます。そこで二十四節気《にじゅうしせっき》（二十四절기）というものを取り入れました。冬至から次の冬至までを二十四に区切ったもので、「大寒《だいかん》」「立春《りっしゅん》」「春分《しゅんぶん》」「穀雨《こくう》」「立夏《りっか》」「夏至《げし》」など、季節の移り変わりを教えてくれるもので、日本の方にも

馴染みがあると思います。

この二十四節気は太陽の運行に照らしており、月の周期をもとにした「太陰暦」と太陽の周期をもとにした「太陽暦」を組み合わせたものですので、「太陰太陽暦」と呼ばれます。

韓国では、正月《ソルナル》（설날、旧暦一月一日）と秋夕《チュソク》（추석、旧暦八月十五日）が年中行事のなかでも最大の行事で、祝日とされているほか、小正月（정월대보름、旧暦一月十五日）、寒《ハン》食《シク》（한식、冬至から一〇五日目）、釈迦誕生日（석가탄신일、旧暦四月八日）、端午《タノ》（단오、旧暦五月五日）など、すべて旧暦で行われます。

この旧暦に関わりますが、日本の方にわかりにくいのが年齢の数え方です。

日本にも「満〇歳」と「数え〇歳」という言い方があり、今でもお年寄りは「数えで〇歳」などと言うこともありますが、一般的には「満年齢」です。

ところが韓国では、「満〇歳」と数えることはむしろ珍しく、たいてい「数え年」での年齢になります。ですから誕生したら一歳で、お正月がくると二歳になります。つまり十一月一日に生まれた子どもは、その時点で一歳となり、翌年の一月一日には二歳となります。日本でしたら初めての誕生日でようやく満一歳となるのですが。

ここまでなら日本の方にも、まだわかってもらえるのですが、旧暦が絡んでくると、かなり説明が厄介になります。

今でも旧暦の日付で誕生日を届け出る人が少なからずいます。その場合、新暦ではいつなのかは暦で調べなければわかりませんし、当然、日にちが異なります。しかも毎年、違った日にちになってしまいます。

さらに旧暦には「閏月《うるうづき》」（本書一七〇頁〜参照）があって、一年が十二カ月ではなく、十三カ月になる場合が出てきます。

たとえば私の友人に「閏月」の生まれの人がいますが、彼女の誕生日は数年に一度しか回ってこないことになります。ちょうど「閏年」の二月二十九日生まれの人が四年に一度しか誕生日が回ってこないのと同じ現象です。

韓国で「数え〇歳」が行き渡っているのは、この旧暦に現れる閏月とも絡んでいて、正月が来たら一歳加えるという考え方が定着したのでしょう。

韓国で旧暦でのさまざまな行事が生活のなかに溶け込んでいるのは、伝統を守ろうとする意識だけではないと思います。普段は離れていても、年中行事には、必ず家族や親戚など身内が集まり、行事や季節に合った料理を一緒に作り、全員がにぎやかにそれらを食べて楽しく過ごすという、家族や一族の輪（和）を大切にしているからだと思います。

そして「立春」「春分」「穀雨」「夏至」などの言葉が示すように、自然が織りなす季節の変化を感じ取れる喜びがあるからだろうと思います。

旧暦には不合理な面もあります。しかしその〝大まかさ〟〝不合理性〟に寄り添うゆとり、スローテンポこそ、利便性や合理性をひたすら追求し続ける私たちが日常で見失ってきてしまっているものなのではないでしょうか。韓国人が旧暦にこだわるのは、あるいは近代社会が失ってしまった大切な何かを旧暦のなかに求めているからかもしれません。

7 パンソリを聞いたことがありますか

「パンソリ（판소리）」と聞いて、〝ああ、あれね〟とわかる日本の方は少ないかもしれません。韓国でも若者にはあまり身近とは言えなくなっている伝統民俗芸能です。

二〇〇三年にユネスコの世界無形文化遺産に登録され、二〇〇一年に登録された「種《しゅ》苗《びょう》祭礼と宗廟《そうびょう》祭礼楽」に次いで、韓国では二番目となっています。

「パンソリ」の「パン（판）」とは「広い場所」「舞台」を、「ソリ（소리）」は音（唱《うた》）を意味します。つまり「たくさんの人びとが集まる広い場所（舞台）で演じる唱と語り」という意味になります。

そして「パンソリ」をわかりやすく説明すると「一人オペラ」となるでしょうか。ただ

し一人と言っても、もう一人、重要な役割を担う太鼓の叩き手（鼓手《コス》　고수）がいます。たった二人だけですから、唱い手（ソリクン　소리꾼）と叩き手の息が合うことが重要です。

唱い手はただ唱うだけではありません。語りと身振りが加えられます。また太鼓の叩き手は決して〝従〟の存在ではありません。楽譜がありませんから、むしろ指揮者として、太鼓を叩いて唱い手をリードし、時にはかけ声（チュイムセ　추임새）をかけて、唱い手の気持ちをいっそう引き出す役割も担っています。

面白いのは、このかけ声は聴衆が発してもよく、唱い手は聴衆との一体感を感じ取り、唱に熱が入るというわけです。このかけ声をかける場面は別に決まっているわけではありません。いつでもいいのですが、かえってそれだけにタイミングが難しく、聞き手にも慣れが必要で、私などにはできません。

また唱い手には重要な小道具があります。扇子《プチェ》（부채）です。必ずこれを片手に持って、通常は立って唱います。扇子は唱い手の心情を強調するときなどに用いられ、手や足の動き、顔の表情などと一つになって、唱や語りを盛り上げていきます。また扇子は場面の変

化などを聴衆に知らせる役目も果たしています。

パンソリの起源についてはいくつかの説があって、定まっていないようです。おそらくいくつもの支流が集まり、混じり合って本流となっていったのでしょう。それでもいちばん有力な説は巫歌《ふか》（祈禱歌《きとうか》）起源説と呼ばれているもので、韓国の南部（京畿道《キョンギド》南部、忠清道《チュンチョンド》、全羅道《チョルラド》、慶尚道《キョンサンド》西部）に多いムーダン（巫女《みこ》 무당）がクゥッ（祭祀《さいし》 굿）で、歌い語られる巫歌をその源流とするものです。

実は「パンソリ」としての形を整えた歴史はそれほど古くありません。ただ文字には残されていませんでしたが、語り物としては、かなり古い時代から伝承されてきていたようです。文献として残されているいちばん古い「パンソリ」の資料は、柳振漢《ユジナン》（유진한）が一八世紀半ばに書いた「春香歌《しゅんこうか》（춘향가）」（朝鮮時代の支配者階層である「両班《ヤンバン》（양반）」の息子と妓生（芸者）の娘との身分を超えたラブストーリーで、苦難を乗り越えて結ばれる）とされています。

これ以降、最初は庶民の娯楽として、人びとが集まる祭りや市場や野外の広場で演じられるようになりました。一九世紀初頭には「パンソリ」の形が確立され、「パンソリの

父」と呼ばれる申在孝《シンジェヒョ》（신재효）が芸人たちから語り物を聞き取って活字化し、両班階級にも通用する文学にまで高めたことで、隆盛《りゅうせい》を見るようになりました。

さて以上は、いわば「パンソリ」のうわべの説明にすぎません。日本の方が理解するのになかなか厄介なのは、「パンソリ」にはその唱のなかに韓国人の民族性が奥深く刻み込まれていると言われているからです。

それは韓国人が持っているとされる「恨《ハン》（한）」という精神構造です。

漢字の意味としては「恨」は「うらみ」です。「うらみ」という漢字は、他に「怨み」「憾み」もあります。この三つの漢字、少しずつニュアンスが違っているようです。そして「恨」だけに含まれる意味は「くやむ」「思い悩む」「くやしい」といったものです。漢字の熟語としては「痛恨《つうこん》」「遺恨《いこん》」などと使いますから、どうやら「恨」には〝憎悪《ぞうお》〟の意味合いは薄いようです。

確かに、パンソリには無念感や無常観があるだけでなく、自分を責める思いも時には含まれています。またたとえ憎悪があったとしても、それを自分の心の内側へ取り込み、それと向かい合い、耐え忍び、乗り越えようとする精神作用でしょうか。

このように説明しても、幾重にも絡み合った心の思い（喜怒哀楽）をえぐり出すようにして唱うパンソリについては、実際に耳にしなければどうしても理解できないと思います。そこで私はいつも日本の方には、一九七五年に四十五歳で香港で客死した梶山季之《かじやまとしゆき》（一九三〇年、京城《キョンソン》（現ソウル）生まれ、敗戦後日本へ引き揚げる）の『族譜《チョッポ》（족보）』が韓国で映画化されていますので、そのビデオを見てくださるよう勧めています。

また一人前のパンソリ演者になるまでの血のにじむような修行を描いた映画『西便制《ソピョンジェ》（서편제）』は、パンソリそのものを理解するのにはすばらしい作品だと思っています。余談ですが、この映画で、唱い手としてその声を良くするために生きたにわとりの鶏冠《とさか》の血を弟子（自分の娘）に飲ませるシーンがあって、私には大変衝撃的でした。

私が『西便制』ではなく『族譜』を日本の方に勧めるのは、この作品が日本統治時代の「創《そう》氏《し》改名《かいめい》（창씨개명）」をテーマにしているからです。朝鮮民族固有の姓を日本名に変えなければならないこと自体が、すでに「恨」を生じさせます。さらに主人公は頑強に抵抗し、死を選んでいく苦悩の過程そのものも「恨」だと言えるでしょう。この映画に流れるパンソリのえぐり出すような慟哭《どうこく》と悲哀の音調が日本の方にも、「ああこれがパンソリの

『恨』なのだ」とわかっていただけると思っています。

いずれにしても韓国人の精神の根底にあると言われる「恨」の解釈や理解は、韓国人の私が言うのも変なのですが、なかなか難しいと思っています。

でも日本には演歌という歌のジャンルがあって、根強い人気を保っていて、私も好きです。この演歌には抑えきれない感情や燃えるような恋心、どうにもできない悲哀、かなえられない望みなどを切々と歌い上げるものが多いように感じられます。

実は韓国には「トゥロトゥ（트로트）」という日本の演歌とそっくりな歌のジャンルがあります。歌詞のテーマとして「恨」が取り上げられることが多く、かなえられないことへの悲しみや嘆き、恨みと、あきらめきれない思いや感情などがやはり歌い込められています。

私が日本の演歌にすぐ飛び込めたのも、「トゥロトゥ」の世界に馴染んでいたからだと思います。言い方を換えると、日本の方にはこの演歌を好むという気質があるのですから、言葉はわからなくても、パンソリのしぼり出すような情感はきっと受けとめることができると信じています。

機会がありましたら是非、生のパンソリに耳を傾けてみてください。そして日本と韓国が同じような文化風土を持ち、とても身近な人間同士であることがさらに確認できたらすばらしいと思っています。

8　韓国の姓名について

日本では自分の苗字と名前のことをいうのに、「氏名」「姓名」といずれも使い、一般的にはほとんど区別していないように思います。事実、『広辞苑』の「氏名」の項では〝「うじとな」「姓と名」〟とあります。「姓名」の項では〝(「かばね」と「な」との意)「苗字と名前」「氏名」〟となっています。要するに「氏名」と「姓名」に異なる意味合いはほとんどないことがわかります。

それでは「氏」だけですと、どうなのでしょうか。同じく『広辞苑』には、〝(一)血縁関係のある家族群で構成された集団。(二)古代、氏族に擬制《ぎせい》しながら実は祭祀・居住地・官職などを通じて結合した政治的集団(以下略―筆者)。(三)家々の血統に従って伝えて称する名。また家の称号。(四)家柄。(五)(以下略―筆者)(六)姓・苗字の現行法上の呼称、となっています。

現在、日本では「氏」だけでも、『広辞苑』の(六)のように解釈をしているようです。ところが韓国では、公的な文書に「姓名」欄はありますが、「氏名」欄はありません。つまり法律的には、苗字は「姓」とされていて、「氏」は「姓」として扱われていないのです。それなら韓国では、「氏」は使われていないのかというと、そうではありません。「氏」は『広辞苑』の「氏」の項にある(一)と(三)を合わせたような意味合いとして、今でも重要な役割を果たしています。「本貫《ポングァン》(본관)」と呼ばれているものが、それに当たります。

韓国での「本貫」とは、氏族の始祖が住みついた場所や、出世した子孫に与えられた土地を指しています。同じ父系であることが求められ、母系ではありません。基本的には、宗族集団が誕生した土地(発祥地)を指しますから、現在、日本で使われている「本籍地」とは意味合いが違っていて、自分の「姓」の発祥地を指しますし、遠い遠い先祖との結びつきを自覚させる役割を持っています。

この「本貫」は、朝鮮王朝（一三九二〜一九一〇）時代以降、家族制度の重要な要素として、人びとの生活に根づき、法的にも一定の拘束力を持つようになりました。現在でも韓国では、「姓」と一緒に「本貫」がついて回ります。その理由は韓国では、金《キム》（김）、李《イ》（이）、朴《パク》（박）、崔《チェ》（최）、鄭《チョン》（정）は〝五大姓〟と呼ばれていて、この五つのいずれかの姓を名のる人が全人口の約五五％近くを占めています。つまり韓国人の二人のうち一人は金、李、朴、崔、鄭さんということになります。

こうなりますと、「それではあなたと私は初めてお会いしましたが、親戚同士？」といったことが起きてしまいます。そこでこの「本貫」の役割が重要となります。

韓国の家族関係登録簿には、「本《ポン》（본）」という欄があります。「本貫」の略です。この欄には始祖が住み着いた土地の名前が記されます。

たとえば「金」さんですと、伽耶《かや》王族系と新羅《しらぎ》王族系というように、始祖が違う宗族が存在しています。始祖が違いますから、たとえ同じ「金」さんでも、先祖は違うことを示す必要が出てきます。つまり「本貫」は、宗族集団が同じか、違うのかを示す有効な手段となります。

したがって、家族関係登録簿の「本」に〝金海金氏〟とあれば、〝金海《キムヘ》（김해）という地域を始祖とする金氏族の宗族集団〟の末裔の金さんということになります。韓国人が〝金海金氏〟と聞けば、「ああ、金海が本貫だから、伽耶王族系の金さん」と理解します。また〝慶州金氏〟と聞けば、「慶州《キョンジュ》（경주）が本貫の新羅王族系の金さん」となり、この二人の金さんは親戚ではないと判断します。そのほか〝光山《クァンサン》金氏〟〝金寧《クムニョン》金氏〟なども、地域によって区別されているのは言うまでもありません。

姓が同じで、本貫も同じ場合は「同姓同本《トンソンドンボン》（동성동본）」と言います。つまり同じ一族で、親戚とみなされます。逆に「同姓異本《トンソンイボン》（동성이본）」は、同じ姓だけれど自分とは関わりのない別の一族とみなします。

本貫の制度は朝鮮王朝以前の高麗時代（九一八～一三九二）に取り入れられて、統一王朝のもとで郡県制が実施され、地方の有力豪族たちがみずからの出自を正統づけるために盛んになったといわれています。これをいっそう正統化する道具立てとして、朝鮮王朝時代には「族譜」の整備が進みました。一族の系譜を記したもので、家族制度を保つ重要な要素となっていきました。

この「家族制度を保つ」という意味から「同姓同本」同士の結婚は許されませんでした。同姓同本の人たちは一族とみなされ、たとえまったく面識がなくても近親結婚を避けるという意味から、結婚はできませんでした。なお朝鮮王朝時代は異姓同本の婚姻も禁じられていました。

日本の植民地統治（一九一〇〜一九四五）時代でも、家族制度については、朝鮮戸籍令に基づいて戸籍に「本貫」が残され、朝鮮民事令で「同姓同本」の結婚が禁止されていました。しかもこうした法令は一九四五年以降もそのまま受け継がれました。それだけ韓国人には「本貫」の持つ意味が重かったとも言えるでしょう。

結局、「同姓同本」の結婚を禁止した民法第八〇九条の規定が憲法裁判所で違憲とされたのは一九九七年のことでした。しかし国会は憲法裁判所の違憲判決に対して、即座に応じず、二〇〇五年にようやく改正案を発表しました。こうして同姓同本の禁婚規定は正式に廃止され、同姓同本婚の制限はかなり緩《ゆる》やかになりました。でも現在でも、八親等以内の婚姻は認められていません。ちなみに日本では三親等以内の血族者との結婚は認められていませんから、いとことなる四親等とは結婚ができます。でも韓国の場合は、八親等ですから、自分の曽祖父母の兄弟のひ孫まで離れないと結婚は認められません。

そもそも「本貫」や「族譜」は、両班《ヤンバン》（양반）のもので、少なくとも朝鮮王朝時代の両班以外の「良人《ヤンイン》（양인）」（中人《チュンイン》（중인）と常人《サンイン》（상인））と「賤人《チョニン》（천인）」（奴婢《ノビ》（노비）と白丁《ペクチョン》（백정））など、多くの人びとには無縁のものでした。しかし現在では、韓国人なら誰もが「本貫」を持ち、どの家系にも「族譜」があります。

この不自然さを解く鍵は、朝鮮王朝時代末期に没落した両班階級が裕福な一般人に家名を売って生活をしのぐということが、ごく当たり前に行われたことにあります。また「族譜」についても、ある時代まではなかった名前がそれ以降の「族譜」に突如として現れるということも珍しくなくなっていきました。こうしてごく一部の特権階級が持っていた「本貫」や「族譜」を誰もが持つようになったことが、韓国人の苗字が日本と比べると桁違いに少ない理由になっていると考えられます。

やや古い統計になりますが、韓国の統計庁は二〇〇〇年十一月一日現在で実施した人口住宅総調査での姓と本貫について、二〇〇三年一月二十九日にその結果を発表しました。それによりますと、韓国には二八六の姓（帰化した人を除く）があり、四一七九の本貫があるそうで、一九八五年以降に新しくできた姓はなく、一五の本貫が新しくできていたとのことです。

韓国でいちばん多い姓は「金」さんで、約九九二万人、韓国の全人口（二〇〇〇年基準）の二一・六％を占め、次いで「李」さんの約六七九万人で一四・八％となっています。ちなみに私の苗字、「延《ヨン》（연）」は、約三万二〇〇〇人で、全人口の〇・〇七％にすぎません。

韓国人の姓の多くが一文字なのは日本の方もご存じだと思います。中国でもたいてい一文字の姓です。そのため姓だけで韓国人か、中国人か判断するのはなかなか難しいと言えます。実は私も判断がつかない場合がよくあります。

朝鮮民族は漢民族とは系統的にはまったく異なる民族です。ですから、中国の影響が及んでいなかった頃は朝鮮民族独自の姓があったはずです。でも中国の力が朝鮮半島に完全に及ぶようになった三国時代（四世紀中葉〜六六八）には、すでに中国風の姓が使われるようになっていたようです。

確かに韓国人か、中国人か判断つかない場合が多いのですが、韓国人とみなせる姓もあ

ります。それは「朴《パク》（박）」です。もし中国人で「朴」さんなら、その方は朝鮮族と見てほぼ間違いないでしょう。

一方、「何」という姓は韓国にはありません。また「河《ハ》」とあれば、まず韓国人と判断していいと思います。さらに「全《チョン》」や「玉《オック》」も中国ではあまり見かけません。

字体から区別がつく姓もあります。韓国では、姓もハングルで書いてしまう場合が多いのであまり混乱は生じませんが、日本、中国では常に漢字を用いますから、注意が必要で、よく字体を間違えているのを目にします。それは、「曹」と「裴」です。この字体なら日本の方も見慣れているはずですし、中国人の姓としてもあります。ところが韓国には「曺《チョ》（조）」という文字があります。よく注意しないと「曹」と間違えてしまいます。「曺」の縦棒が一本だけです。また「裵《ペ》（배）」という文字もあります。こちらの方がより注意が必要でしょう。「裴」の〝なべぶた〟の部分が「非」の上に移ります。

日本にも日本独自の国字というものがあり、「峠」「辻」「畑」などがよく知られていますが、「曺」や「裵」は韓国独特の字体と言えるでしょう。ただ本来は「曹」と「裴」だったものが、いつしか「曺」と「裵」に変わってしまったようで、国字と言えるか、意見が分かれるところでしょう。いずれにしても、姓が「曺」や「裵」であれば、まず韓国人と判断できると思います。

ところで、日本の方から見ると奇異に映るだろうと思われる姓が韓国にはあります。たとえば、私が思いつくままに挙げれば、「夜《ヤ》（야）」「魚《オ》（어）」「皮《ピ》（피）」「昔《ソク》（석）」「甘《カム》（감）」「介《ケ》（개）」「夫《プ》（부）」などです。ところが意外にも現在、日本人の姓として存在しないのは、「夜」「皮」「介」だけのようです。

また韓国人の姓には、日本人が帰化した際、姓はそのままで、すっかり定着して市民権を得ているものもあります。

「長谷《チャンゴク》（장곡）」「辻《チュプ》（즙）」「小峰《ソボン》（소봉）」「網切《マンジョル》（망절）」「岡田《カンジョン》（강전）」などがそうです。

先述しましたように、韓国人はハングルで書きますから、これらの漢字をほとんど意識しません。そのため、もともとは日本人の姓だという認識を持たないのが一般的です。

韓国人の姓は一文字が多いのですが、名前は圧倒的に二文字が多いと言えます。しかも兄弟では必ず一文字は同じ文字が使われています。これを行列字《こうれつじ》（ハンニョルチャ　항렬자）と言います。

かつては「同姓同本」ですと、同じ世代の者は行列字によって同じ文字を一文字入れて名前がつけられましたから、誰もが自分が一族の何代めで、どちらが世代が上か下かがわかりました。

でも最近は、こうした行列字で名前がつけられるのは、一家族か、近い親戚程度の範囲になってきています。また特に女性に多いのですが、韓国の固有語、つまり漢字がないハングルだけでしか表記できない名前をつける人が増え始めています。私の大学の韓国からの留学生にも漢字がなく、カタカナ表記しかできない学生が毎年います。

さて表記と言えば、人名や地名はハングル以外では、原則的にローマ字で表記されることになっています。ところが韓国を訪れた日本の方から何回か非難めいて指摘されたことがあります。たとえば道路標識に記されている地名のローマ字表記が読めない、わからないというのです。

このローマ字表記については、実は私もかねがねおかしいと思っています。それもそのはずで、韓国では定められた表記法に完全に従っているとは限らず、これまでの慣用的な表記がかなり定着してしまっています。しかもこの表記には原則性がありません。そのた

め同音でも、複数の表記が可能となっています。たとえば、李《イ》（이）は「LEE」「REE」「I」「YI」となり、朴《パク》（박）は「PAK」「PARK」「PACK」などと表記されます。

つまり原則に照らしてローマ字表記しているわけではありませんから、パスポートなどに記入される姓名のローマ字表記なども、本人の自由に任されているのが現状です。ちなみに私の苗字のローマ字表記は「YEON」です。韓国語のローマ字表記法に準じていますが、「延」の韓国語発音がわからない場合、どのように発音していいのか戸惑うかもしれません。

確かにローマ字表記を見ても原音に近い音が出せず、本人に訊かないとわからないようなローマ字表記では、世界に取り残されていくのではないかと、祖国を離れている私としては、少々心配になってきます。国としてきちんと取り組むべきときに来ていると思います。

最後に日本と完全に異なる点があります。それは女性は結婚しても姓が変わらないことです。子どもは父親の姓を名乗り、生涯、それは変わりません。そのため同じ家族であるにもかかわらず、母親と私は姓が違いますし、祖母が生きていたときには、一家族に三つの姓が存在しました。

でも夫婦、子どもが別姓だからといって家族の結びつきが弱くなるなどということはありませんし、普段は何も意識していません。日本では「夫婦別姓」について議論があるようですが、私はどちらでもかまわないと思っています。大切なのは形ではなく中身でしょう。夫婦、あるいは親子がしっかり結びついている家族を作り上げることこそ、いちばん重んじられなければならないでしょう。

9　名節離婚

韓国の四大名節といえば、「ソルラル（설날）」（旧正月。旧暦一月一日）、「端午《タノ》（단오）」（旧暦五月五日。田植え・種まきが終わる五月に豊作を祈願する）、「秋夕《チュソク》（추석）」（旧暦八月十五日。墓参りをし、先祖へ豊かな実りを感謝する）、「寒食《ハンシク》（한식）」（十二月下旬の「冬至《トンジ》（동지）」から一〇五日目に当たる日。四月上旬）の四つです。

「名節《ミョンジョル》（명절）」とは、文字通り祖先を祀る「祭日」のことで、家族全員が集まり、その日のための料理を作って神に供え、家族が一緒にその料理を食べる特別な日です。

なかでも「ソルラル」と「チュソク」は、さらに特別で二大名節と呼ばれています（本書一一八頁〜、一五四頁〜参照）。

家族全員が集まって祖先への祭祀を行い、一緒に食事をしながら家族団欒を楽しむ名節ですが、実は楽しいことばかりではないようで、〝負の部分〟も見え隠れしています。「ソルラル」と「チュソク」は、韓国政府も国民の重要な祭日としていますから、この二大名節当日をはさんで前後三日間を休日と定めています。

たとえば二〇一六年の「チュソク」は、九月十五日（木）が旧暦の八月十五日に当たりました。そのため九月十四日（水）から九月十八日（日）までの五連休となりました。

日本では〝連休〟からたいていの人が連想するのは、まずはのんびり骨休め、旅行、レジャーなど日頃のストレス解消、自分の自由な時間、となるのではないでしょうか。もっとも家族サービスでかり出されるのが苦痛だから、仕事に出た方がいいと思う人もいるかもしれません。でもほとんどの人が〝連休〟は大歓迎でしょう。

ところが韓国では、「ソルラル」「チュソク」での大型連休を誰もが歓迎しているとは限らないのです。

興味深い数字があります。韓国の女性家族部と統計庁が二〇一五年十二月七日に「二〇一五仕事・家庭の両立指標」を発表しています。

このなかに、結婚している男女の家事労働時間について触れた部分があります。共働きの場合、女性の家事労働時間が一日平均三時間一四分に対して、男性の家事労働時間は四十分にすぎず、女性は男性のおよそ五倍だそうです。しかも男性の家事労働時間は五年前に比べてたった三分しか増えていません。

また女性が専業主婦だった場合、女性の家事労働時間は六時間一六分、男性は四七分で、面白いことに共働きの男性に比べて七分長かったようです。

私はこの数字を見て納得してしまい、韓国の男性が家事労働に毎日四十分（ちなみに日本人男性は六二分だそうです）も費やしていることに驚いたぐらいです。

それというのも我が家の女性たちは、身体を休めるのを知らないかのように、よく動き回っているという印象を持っていたからです。男性たちに家事をやらせてはいけないと思っているかのようでした。どうしても手が足りないときだけ父や兄、弟に手伝ってもらっていたように記憶しています。なかでも義理の姉は両親の家族と同居でしたから、家事だけでなく私や弟もいて、さぞかし精神的にも大変だったろうと思います。なにしろ家族の一員として、すべての人間に気を遣いながら家事も、夫の世話もしなければならなかったのですから。しかも義姉も働いていましたから、帰宅すれば父や母への気遣いも並大抵ではなかったことでしょう。

韓国でも最近は都市部で核家族化が進み、一般的には夫の両親と同居していないのが生活スタイルになっています。でも二大名節になりますと、短い期間とはいえ家族全員が夫の実家に集まることになります。

韓国では不幸に見舞われますと、「先祖を大切にしないから」と言われるほど、先祖を忘れずに大切に敬わなければ、生きている者たちに災いが及ぶと考えている人が多くいます。それだけに、この二大名節への思いは、日本の正月やお盆に帰省するのとは大きく異なって、その家の年間大事業と言ってもいいほどです。

二大名節の連休には故郷に帰り、家族、親族が集まり、特に「秋夕《チュソク》（추석）」には「伐《ポル》草《チョ》（벌초）」と呼ばれるお墓の掃除を必ず行い、祖先への礼を欠かすことはありません。

それぞれの家庭で祭壇に二十種以上の食べ物を供えますが、これらのお供え物を準備するのは女性たちの仕事です。一堂に会する人数も一〇人を軽く超えますから、時間と労力は半端なものではありません。

日本でよく言う〝猫の手も借りたい〟ほど忙しく、てんてこ舞いすることになります。一方、男性たちは先述しましたように、一日の家事労働時間が四十分の人たちですから、積極的に手伝おうとはしません。

なかには自分の実家に連れてきた妻が忙しそうにしているのを見て、手伝おうとする気持ちが湧いてくる夫もいるはずです。ところが韓国では、日本でもかつてはそうでしたし、地域によってはまだ色濃く残っている所もあるようですが、「家父長意識」がまだまだ強いと言えます。

実家に妻を伴っていけば、男性中心の雰囲気が強く、自分の妻はあくまでも「嫁」です。そのため妻が夫の手を借りたいと思っても、とてもそうはいかなくなります。

こうして男性たちは女性たちが名節の準備で忙しく動き回っていても何もしないのが一般的です。それどころか飲み食いを始めますから、女性たちは名節の準備をしながら、その世話もしなければなりません。

肉体的に疲れるだけならまだ我慢もできるのでしょうが、これに家父長意識が嫁の精神面に重くのしかかってきます。まずは夫の両親、特に母親（姑）への気遣い。さらに夫が何番目の息子かによって、妻の〝序列〟も決まりますから、場合によっては姑だけでなく、姉嫁にも気を遣わなければならなくなります。さらに小姑、親戚等々。こうして夫の実家に帰省中は、常に周りからの〝目〟と〝口〟に神経をとがらせ、対応を間違えると、ぎくしゃくとした雰囲気が生まれてしまいます。いちばん波風を立たせない方法は、不平等にも、横柄な扱われ方にも、夫への不満にもじっと耐え、〝嫁〟として、ひたすら我慢をすることなのですが、肉体的な疲れと精神的な疲れが相乗的に影響し合って、ついには……。

そしてもう一つ、宗教的背景も無視できません。韓国のキリスト教徒は二〇一三年の統計庁データによると、全人口の約二九％を占めていて、仏教徒の約二二％より多く、キリスト教国と言っていいでしょう（非宗教人口は全人口の約四七％）。これらキリスト教信者のほとんどが、伝統的な祭祀行事を行いません。ですから、妻が信仰によって先祖への祭祀行事に加わらないと、夫の実家との間に摩擦が生じてしまうことにもなりかねません。

こうして、韓国大法院が公表する二大名節後の離婚率は、毎年、前月比で十数％～二十数％増となってしまいます。二大名節の連休明け後の夫婦喧嘩の数は普段の六〇％増にもなるそうです。

でも夫婦喧嘩をして、二大名節中に溜めていた相手への不平や不満を吐き出し、ぶつけ合うまででしたら、まだよいかもしれません。お互い言い合いをして、多少なりとも気分的にすっきりし、離婚にまで至らないなら、喧嘩の効用もまんざらではないかもしれません。

韓国の男性の家事労働時間がたったの四十分というのも、私は構わないと思っています。男性が家事をすればするほど妻は満足かというとそうではないようですし、むしろ家事を手伝おうとしている、という夫の心遣いこそ大切なのではないでしょうか。

たとえば仕事が早く終わったら、家族と一緒に過ごし、家事も手伝おうとする、その気持ちがあれば、妻の精神的安定度は増し、気分的にもそれなりに和らぐはずです。

名節での実家帰省中は嫁として精神的、肉体的にも疲れきってしまう妻をいたわる夫の優しい心遣いがあれば、「名節離婚」などという不名誉な現象も減らせるのではないかと思っています。

10 流行語から見える韓国

毎年、日本ではその年に流行した、あるいは新しく生まれた言葉からその言葉にかかわった人物や団体を顕彰する「新語・流行語大賞」という賞が十二月一日に発表されます。一九八四（昭和五九）年から始まり、すでに三〇年以上の歴史があるようです。

このような賞には遊び心があって、しかも日本のその一年の世相がなんとなくわかって、私のような外国人には、とても興味深いものになっています。

韓国にはこうした賞がないのが残念です。ただ新語や流行語は当然といえば当然ですが、日本と同じように毎年、生まれます。それがマスコミなどで取り上げられたり、ドラマなどに反映されて、広く知られることになります。またテレビのドラマ、バラエティー、お笑い番組やＣＭなどで使われている言葉が次第に広がっていくケースもよくあります。そのほか流行語を生み出しやすい媒体として、インターネットも無視できません。

日本の「新語・流行語大賞」の候補として選ばれる言葉は、おおむね政治や経済関係のほかに芸能、テレビ番組、スポーツといった領域からのものが多いようで、それは韓国でもほぼ同じです。

ただここ数年、韓国での流行語を見ますと、社会全体が沈み、あまり明るい世相でないことを反映したものが多く目につきます。

たとえば二〇一〇年以降、韓国では三放世代《サムポ》（삼포세대）という言葉が登場しました。恋愛、結婚、出産を諦めてしまった若者たちを指し、若者世代の生活が不安定で、苦しいことを示しています。

ところがこれに続いて間もなく、マイホームと人間関係も諦めてしまう「五放世代《オポ》（오포세대）」、さらに夢と希望まで諦めた「七放世代《チルポ》（칠포세대）」と次第にエスカレートしていきました。

韓国は朴正熙《パクチョンヒ》（박정희）第五代大統領によって、一九六〇年代に「漢江《ハンガン》（한강）の奇

跡」と呼ばれた高度経済成長政策や教育改革が実行され、その後は民主化も進められ、めざましい発展を遂げて、三〇年間ほどで世界の最貧国から先進国へと急激な発展を遂げました。

でも一九九七年のアジア通貨危機（ＩＭＦ危機）以降、韓国経済はそれまでの成長が頓挫し、企業倒産件数と失業率も大幅に増加、労働市場は一変してしまいました。

その結果、非正規雇用者が増え、低収入で生活が不安定な若者たちは、「貯蓄がない」「貯蓄しても不足」「実家が裕福ではない」「就職が遅れた」「低賃金」などの理由で「三放世代」とならざるを得ない状況に追い込まれてしまいました。

事態が改善されていないことは、「三放」「五放」「七放」だけでなく、数年前からは自分の将来のすべてを諦めてしまう「Ｎ放《ポ》世代（N포세대）」という言葉さえ生まれていることからも窺えます。

こうした雇用状況の悪化を反映して、二〇一四年には「熱情《ヨルチョン》ペイ（열정페이）」という言葉が流行しました。主に若者の間から生まれた新語ですが、若者特有の「熱情」と、支払いを意味する「Pay」を組み合わせた言葉です。

実際、雇用状況はなかなか厳しく、①非労働力人口が多い。②若年層（十五歳～二十九歳）の失業率が高い、③低賃金労働が多い（百本和弘『ジェトロセンサー』二〇一四年十一月号）という状況が続いています。また韓国統計庁によると、二〇一五年の就業率は六〇・三％で失業率は三・六％（日本は同年、失業率三・四％、就業率五七・六％）ですから、日本とほぼ同じようなレベルと言えます。ところが若年層に限ると、就業率は四一・五％で失業率は九・二％（二〇一六年第一四半期では一一・三％と過去最悪）となっていて、若年層の失業問題が深刻なのがよくわかります。

こうした就職難のなかで「熱情ペイ」が現れてきたというわけです。つまり「熱情があって仕事をするなら、賃金は二の次」という雇用形態で、無給か、低賃金で働かせようとする雇用者側を批判、揶揄《やゆ》した言葉です。

ちょっと横道にそれますが、私が勤務している大学で韓国からの留学生数人がコンビニでアルバイトをしています。彼女たちはアルバイトでも最低賃金の保証があり、雇用条件も明確なため、非常に真面目に働いていたようです。それが店長の目にとまり、今よりも優遇するので辞めないでほしいと言われた、と嬉しそうに私に報告にきたことがあります。

これなどは、母国での「熱情ペイ」のような、ただ働きに近い雇用状況を知っていたからこその反応だったのでしょう。

ただ働きに近い低賃金雇用、それが「熱情ペイ」です。韓国の若者がこうした雇用関係でも働こうとするのは、安定した職場を手にするステップとなるだろうと考えているからです。日本と違って就職する際には、学歴だけでなく、その他の経験や得意ジャンルが重視される社会でもあるからです。

でも若者たちのこうした熱情を真剣に受けとめようとする雇用者側はほんの僅かで、今や次のような、あまりにも自虐的すぎるのでは、と私などは思ってしまう言葉が二〇一五年に急激に流行しました。「ヘル朝鮮（헬조선）」がそれです。

「ヘル」とは「Hell」つまり「地獄」を指します。直訳すれば「地獄の朝鮮」です。これほどマイナスイメージが強い言葉で表現しなければならないほど、韓国の状況がひどいとは思いませんが、韓国人の日常生活にさまざまな不安や不満が生まれていることは理解できます。

この言葉が登場したのは、二〇一二年前後のインターネット上でした。特に若者たちの間で使われ始めましたが、まだそれほどの広がりは見せていませんでした。しかしこれまで述べてきたような状況が、この言葉の広がりに火をつけた格好になり、社会問題を論じた書籍の書名にも使われるほどになっています。

二〇一五年十二月一日の『ハンギョレ新聞（한겨레신문）』は「大韓民国が『ヘル朝鮮』である六〇の理由」を掲載しました。そのいくつかを見ますと、

「出生率、世界最下位圏」「児童の学業ストレス世界最高」「後進国病〝結核〟、OECD中一位」「医療費増加率、OECD中一位」「児童福祉支出、OECD中最下位」「老人貧困率、OECD中一位」などが挙げられていました（ちなみにOECD加盟国は二〇一六年九月現在、三五カ国）。

ただし『ハンギョレ新聞』の記事は、韓国の最悪、悲惨な数字にだけ目が向けられていますから、これが韓国のすべてとは言い切れないだろうというのが私の実感です。

一方、若者たちを中心に言われ始めた「ヘル朝鮮」には、彼らの切実な思いや願いが込められているようです。

「平凡に生きたいという欲求を持ってはいけない国」

「義務ばかり多く、権利がほとんどない国」

「痛みが若者の青春になる国」

「上下の階級区分が明確な国」

などは辛辣《しんらつ》です。でも韓国が抱える問題点を若者たちは鋭く言い当てていると思います。若者たちは生まれたときから激しい競争社会に巻き込まれ、小学生の頃から塾へ通い、ひたすら有名大学合格、一流の大企業入社を目指して頑張り続けなければなりません。問題は努力する人、頑張る人なら誰もが無条件で望んだことへ挑戦する機会が与えられる仕組みを国が作っているのか、ということになると思います。報われる社会、頑張り甲斐のある社会の出現を望んでいるからこそ、若者は逆説的に「ヘル朝鮮」を口にするのだと思います。


私は「ヘル朝鮮」を声高に叫んでいる人びとには、まだ希望があると見ています。若者たちは韓国人として生きていくことに絶望しているわけではありませんし、また是非そうあってほしいと願っています。

私がこのように考えるのは、確かに若年層の就職難は顕著なのに、一方で、中小企業は

労働力不足が深刻化しているからです。つまり若者の大企業指向を変えることが急務ではないでしょうか。また理工系の学生には就職の門戸は比較的大きく開けられていて、「就職やくざ（チィオプカンペ　취업깡패）」などという言葉が若者の間で使われているほどです。

　これは就職が難しい時代に特定の学問領域出身者だけはあっさり就職できることから、まるでやくざのようだ、といった意味合いが込められています。

　もっともこの言葉は、理工系の人間だけを指すのではなく、時代によって企業が求める人材が変わるたびに変わってきました。以前は経営、経済系の学生が「就職やくざ」でした。現在の「就職やくざ」は電気・電子、化学工学、機械工学とされていますが、これがまたいつ変わるか、わからないわけです。

　ところで、二〇一六年の流行語を見ると、「ヘル朝鮮」からさらに問題が顕在化し、焦点が絞られてきたように感じられます。

　それは「金の匙（クムスジョ　금수저）」という言葉です。「ヘル朝鮮」ともつながっていて、二〇一七年になって一気に広がりました。もとはイギリスの「Born with a silver spoon in one's mouth（銀の匙を口にして生まれてきた）」ということわざで、親が銀の匙を持つほどであれば、その子も幸せに暮らせるだろうという意味で使われています。

ところが韓国では、いろいろな匙（「金の匙」「銅の匙」「土の匙」など。貧富の差によって差別化）を持ち出して、人生は金持ちの家庭に生まれたか、貧しい家庭に生まれたかによって決まってしまうという解釈に変えてしまいました。ですから「金の匙」とは、親に経済力があって、恵まれた生活が送れる子どもたちを指します。もっとも最近では、「金」の上にさらに「ダイヤモンド」まで登場しているようです。

いずれにしても親の財力で人生が決まってしまい、本人の努力では上位の階層に上がれないという考え方が若者に広がっていくのは、決していい傾向ではありません。諦観《ていかん》は上昇志向の芽を摘《つ》み取り、努力を放棄させてしまうからです。

もっとも私が勝手にこのように心配しているだけで、若者たちは案外、ブラックユーモアで、現在の状況を諷刺しているだけなのかもしれません。

韓国の若者たちは、かつて高校卒で弁護士の資格を取り、大統領になった人物（盧武鉉《ノムヒョン》元大統領）が自分の国にいることも知っているはずです。また、ますますグローバル化している韓国ですから、働き場所が韓国だけとは考えない人も増えてきています。

こう考えますと、来年はここ数年とは大きく様変わりした流行語が生まれてくるかもしれませんし、大いに期待したいと思います。

11 「コングリッシュ」について

韓国に「コングリッシュ（Konglish 콩글리시）」という言い方があります。一部のお年寄りを除けば韓国人なら誰でも知っている言葉です。でもこの言葉を日本語に訳すとなるとちょっと厄介です。

これは「Korean」と「English」を合わせた合成語で、英語を母語とした人には理解不能の英語もどき、つまり韓国製英語のことです。日本にも「和製英語」という言い方があるようですが、日本の「和製英語」とも概念がまったく同じというわけではありません。

「コングリッシュ」は〝英語圏の言葉〟が原則となっています。ですから、日本でごく当たり前に使われている「アルバイト」は韓国でも「アルバイトゥ（아르바이트）」と

言って、日本と同じ意味で使われています。でもドイツ語の「Arbeit〔arbait〕」を語源としていますから「コングリッシュ」の範疇《はんちゅう》に入りません。つまり日本で言う「外来語」と重なる要素も含んでいますが、同じではないことになります。

ところで日本では「外来語」はどのように解釈されているのでしょうか。

手元の『新明解国語辞典　第七版』には「もと、外国語だったものが、国語のなかに取り入れられた言葉。『借用語』とも。〔狭義では、欧米語からのそれを指す。例、ガラス・パン・ピアノなど〕」とあります。

もう一冊の『大辞林　第三版』では「①他の言語より借り入れられ、日本語と同様に日常的に使われるようになった語。『ガラス』『ノート』『パン』『アルコール』の類。広くは漢語も外来語であるが、普通は漢語以外の主として西欧語からはいってきた語をいう。片仮名で書かれることが多いので『カタカナ語』などともいう。伝来語。②『借用語（しゃくようご）』に同じ」と説明されています。

二冊の辞書からだけですが、日本での「外来語」の概念を抜き出しますと、「外国語・西欧語・漢語・カタカナ・借用語・日本語のなかで日常的に使われる」言葉となりそうです。

日本語の語彙は、日本古来からの和語（大和言葉）を除けば、中国から伝来した漢語も厳密に言えば外来語だったわけです。でも現在では、「外来語」と言えば、欧米地域から入ってきた語を指すようになっていて、和語、漢語、外来語と分けるのが一般的です。

それでは韓国語の語彙はどうかと言いますと、おおよそ「固有語」「漢語」「外来語」に分けられていて、日本の語彙分類と同じです。しかし日本語と大きく異なる点があります。それは韓国では日本語も外来語なのです。

一九一〇年から一九四五年までの三五年間、日本が朝鮮半島を侵略、支配し、皇民化《こうみんか》政策による日本人化が強制されました。その結果、韓国語に日本語が少なからず残り、今でもかなり使用されています。

日本での外来語は「カタカナ語」などとも呼ばれて、西欧語から入ってきた語とされていて、韓国の「コングリッシュ」のように、英語だけという限定的なものとはなっていません。また韓国の外来語には日本語も入りますから、たとえば「おでん」は「오뎅（オデン）」、「たらい」は「다라이（タライ）」、「餅」は「모찌（モチ）」となり、日本の外来語と

異なって、必ずしも「カタカナ語」とは限りません。

ここで「コングリッシュ」の整理をしておきます。

①韓国製英語で英語を母語とした人には理解されにくい。

②英語だけで他の欧米語は除外される。

③日本での漢語を除くという狭義の外来語の概念と重なる部分があるが、同一ではない。

日本で外来語（カタカナ語）として日常生活に馴染んでいる言葉や語が韓国でも同じように使われているケースもよくありますが、日本の発音では通じないことがよく起きます。「コングリッシュ」だからです。ただ日本式カタカナでも「コングリッシュ」でも英語を主言語とする人には通じないと思います。よく例として出されるのが「ハンバーガー」です。

「햄버거（ヘムボゴ）」、これが韓国での「ハンバーガー」の発音です。

また日常生活で欠かせない「スーパーマーケット」も韓国では「슈퍼마켓（シュポマケット）」となります。ただ韓国での発音方式に慣れてしまえば、日本語と意味は同じで

すから、用法として頭を悩ますことはないでしょう。
以下に「コングリッシュ」の特徴を示す語を挙げてみます。

프랑스（プランス）　↓　フランス
프라이팬（プライペン）　↓　フライパン
파이팅（パイティン）　↓　ファイト
팬（ペン）　↓　ファン
포크（ポク）　↓　フォーク
티파니（ティパニ）　↓　ティファニー

（）内のカタカナ表記で↓で示した日本語の外来語が思い浮かぶ日本の方は少ないのではないでしょうか。また英語でのF音がコングリッシュでは「ㅍ（プ）」となり、日本のカタカナ表記にすると、すべて「パ行」になってしまいます。
では次のような例はどうでしょう。

콜라（コルラ）→コーラ
케익（ケイック）→ケーキ
샴푸（シャンプ）→シャンプー
택시（テックシ）→タクシー
미터（ミト）→メーター
땡큐（テンキュ）→サンキュー

発音を長くするのか、短くするのかわからないと韓国語初習者からよく質問されるのですが、それは韓国語（ハングル文字）には長音の表記がないからなのです。ここに示したコングリッシュは、その韓国語の特徴が出ているもので、日本では長音が入る外来語から長音を示す「ー」がすべて消えています。

次の例もコングリッシュの特徴をよく示しています。

디저트（ディジョトゥ）→デザート

에어포트（エオポトゥ）　↓　エアポート
투어가이드（トゥオガイドゥ）　↓　ツアーガイド
화이트（ファイトゥ）　↓　ホワイト
아티스트（アティストゥ）　↓　アーティスト
디즈니랜드（ディズニレンドゥ）　↓　ディズニーランド

日本語の外来語表記で語尾の発音が「ト」「ド」で終わる語は、コングリッシュでは「트」「드」のハングルが用いられる傾向があるようで、強いて日本のカタカナ表記にすれば「トゥ」か「ドゥ」となります。

そのほかに、日本では英語の「R」と「L」の区別がカタカナ表記ではありませんが、コングリッシュでもやはり区別はなく、すべて「ラ行」の表記となります。

ただ韓国語は日本語に比べて、母音も子音も数が多いため、コングリッシュの方がおしなべて日本でのカタカナ表記より英語発音に近い表記が可能になっていると言えるでしょう。

たとえば日本のカタカナ表記ではすべて「ア」となってしまう表記が、ハングルでは「ㅏ（a）」と「ㅓ（eo）」の区別、「ウ」は「ㅜ（u）」と「ㅡ（eu）」の区別が可能となり、より原音に近い発音がコングリッシュのなかに活かされていると言えます。

また「ㅐ（エ）」と「ㅔ（エ）」の区別も同じようなことが言えます。

このハングルの発音は英語の発音記号にしますと、「ㅐ（エ）」は「æ」ですし、「ㅔ（エ）」は「e」になります。日本のカタカナ表記ではどちらも「エ」になってしまい、「ア」と「エ」の中間とも言える微妙な発音になる「æ」は、日本のカタカナでは表記しきれていないわけです。

ところで、「コングリッシュ」は〝英語圏の言葉〟が原則と冒頭部分で書きましたが、これはあくまでも原則で、例外がそれなりにあります。

たとえば、韓国から見れば外来語である日本語のなかの外来語などがその典型です。つまり和製英語のカタカナ表記が、そのまま使われているものが少なくありません。

今や生活で欠かすことのできない「テレビ」がそうです。韓国でも「テレビ（테레비）」です。これは日本人が「television」を短縮して作り上げた和製英語です。

ワイシャツも「ホワイトシャツ」から転じて、日本人が使い出した和製英語です。これもそのまま韓国に入り、「ワイショツ（와이셔츠）」として、ごく普通に使われています。

またミシンは「ソーイングマシン」から転じて、これまた日本人が考え出した和製英語で、韓国でも「ミシン（미싱）」です。ただこちらは、「재봉틀（チェボントゥル）」（裁縫器《さいほうき》という意味）と言う場合が多くなっています。

「アパート」は「アパートメント」を短縮した、これまた和製英語ですが、韓国でも「アパトゥ（아파트）」と言います。ただし概念が異なっていて日本のアパートの意味ではなく、マンションに近いと言えるでしょう。

このように日本で日本的にアレンジされたカタカナ表記語は、すでに英語圏の言葉ではなくなっていて、日本の言葉になっていると思います。したがって、韓国で語彙の分類をすれば、「コングリッシュ」というよりは、もっと広い概念として捉えている「外来語」とする方が良いのではないかと私は考えています。

こうした日本からのカタカナ語移入のほか、英語と韓国語を合成、さらには短縮したコングリッシュもあります。たとえば「オピステル（오피스텔）」。これは「オフィス」と

「ホテル」を合成した言葉で、炊事などもできて宿泊も可能な事務室を意味しています。また「ティカ（디카）」は、「ティジトルカメラ（디지털카메라）」の略語で、デジタルカメラの意味です。日本では「デジカメ」と略称されるのと発想は同じでしょう。

「コシテル（고시텔）」は、「コシウォン（고시원　考試院）」という受験生用の勉強部屋と寝室が一緒になった宿泊施設とホテルから合成された言葉です。「コシウォン」と「コシテル」の区別はあまり明確ではありませんが、「コシテル」の方が多少設備が良く、個室内にシャワーやトイレが完備されている宿泊施設を指しています。

コングリッシュの説明として、これまで述べてきたことだけでは不十分です。しかしこれ以上は韓国語を理解していないとうまく説明できない要素もありますので、このあたりまでにしておきます。

ただすでに述べましたように、コングリッシュとは、英語圏の言葉が原則ですが、言葉は生活するなかで生まれてきます。そのため原則から外れた〝コングリッシュもどき〟は今後も生まれ、そして消えていくに違いありません。

さまざまな思想や文化が世界中から流れ込んでくるボーダーなき社会がますます広がっ

てゆく時代だけに、韓国のコングリッシュもますます多様化していくことが予想されます。

韓国の文化、歴史、言葉を教える者として、いっそう目配りを怠《おこた》らないようにしなければならないようです。

12 韓国の小学生がなりたいもの――日本と比較すると

いつの時代も職業選択では、その時代の政治、経済、文化などの有り様が大きく関わるようですが、最近では世界の動きまでが影響を与え始めてきています。

韓国では、若者の失業率が最近は一〇％を前後するほどで、若者が正規雇用を手にするのは容易ではありません。こうしたなか、韓国教育部と韓国職業能力開発院が「子どもの進路教育現況調査」を実施し、その分析結果が二〇一六年十二月二十日に発表されました。

それによりますと、小、中学生ともいちばん就きたい職業は「教師」でした（本書一八一頁～参照）。この調査は二〇〇七年から始まったようですが、希望する職業第一位が「教師」というのは、この一〇年間ほど、まったく変わっていません。

日本でも目指す職業に「教師」が選ばれる傾向はありますが、韓国ほど終身の職業として、強く意識する若者は多くありません。韓国に比べて社会的ステータスが低いわりに、教師へのハードルはかなり高く、大学の授業科目でも、卒業に必要な科目や単位数以外に、相当多くの教職関連科目の履修が義務づけられています。そのほか教育実習があり、教員採用試験の合格も容易ではありません。さらに過重な仕事量と重い責任がのしかかる職業でもあるため、敬遠されがちなようです。

二〇一七年一月十五日付『朝日新聞』朝刊には、連合総合生活開発研究所（略称「連合総研」）の調査で、週に六〇時間以上超過勤務する小・中学校の先生の割合が七〇～八〇％に達するとの記事がありました。しかも最も負担に感じている仕事は、小・中学校の教員とも「保護者・地域からの要望、苦情への対応」で、児童、生徒への責任感が強いからこその負担感なのでしょう。

ところで、次のデータは韓国と日本の違いをよく示していて、興味深いと言えます。

二〇一七年一月六日に第一生命保険株式会社が「大人になったらなりたいもの」というアンケート調査の結果を発表しています。

この調査は一九八九（平成元）年から毎年実施していて、調査対象は保育園児、幼稚園児、小学生ですから、韓国の調査対象年齢より幼い、未就学児童も入っていますが、小学生が含まれていますので、参考になるだろうと思います。

これによりますと、男の子の第一位は「サッカー選手」、女の子の第一位は「食べ物屋さん」でした。男の子は七年連続、女の子は二〇年連続だそうで、韓国の一〇年連続「教師」という大変現実的な職業とは大きく異なっています。韓国のデータでは男女を分けた統計としては発表されていませんが、男女とも「教師」希望が多数だからこそ、第一位になっているのだと推測できます。

一方、日本で「教師」になりたいと回答した子どもは二〇一一年以降、男の子では一〇位以内にも入っていません。「学者・博士」「お医者さん」は、この六年間でほぼ五位以内で前後しているのですが。一方、女の子では「保育園・幼稚園の先生」がこの二〇年間で一四回も二位となっています。「学校の先生」（習い事の先生を含む）になりますと、二〇年間では三位が最高位で、しかもその回数は四回だけ、それ以外は四位以下で、時には一〇位に届かない年もありました。

このように韓国でダントツで就きたい職業の「教師」も、日本の小学生以下の子どもたちからは、あまり魅力ある仕事とは映っていないようです。

こうした両国の就きたい職業は、年齢が上がっても同様で、韓国では中、高校生でもやはり望む職業の第一位は「教師」です。

韓国で「教師」に根強い人気があるのは、一つは、家族関係にあると思います。韓国の家庭では日本に比べると、家父長制を重んじる雰囲気がまだ強く残っています。子どもはできるだけ親の考えや意見を尊重しようとするのが一般的です。ですから、親が子どもに何を望んでいるのかを強く意識し、可能なかぎり親の希望、期待に応えようとします。

私のこうした推測を裏付けるものとして、やや古い資料になりますが、韓国職業能力開発院が「二〇一四年学校進路教育実態調査資料」を公表しています。全国の小学生を含む高校生までの一八万人余のなりたい職業を調査したもので、やはり「教師」が第一位でしたが、私が注目するのは、保護者の考え方です。同じ調査で「子どもに望む職業」という質問に、保護者の最多の回答もやはり「教師」でした。

親からすれば、子どもが安定した身分の保障と生活の維持が可能な職業に就いてほしいと思うのは当然で、私の経験からも、親は日常生活を通して機会あるごとに子どもに将来の生活について話しているはずです。時には親自身のことであったり、時には兄弟のことであったり、そして当然、その子ども本人のことであったりと。

つまり子どもの望む職業と親の望む職業が一致するのは決して偶然ではなく、いつしか親の望みを子ども自身が自分の望みと考えるようになって、このような結果になったのでしょう。

また二〇一六年三月二日に公表された、韓国人口保険協会が調査した「子どもに就いてほしい職業」に関するアンケート（二十～五十歳の既婚男女一三三五人対象）では、「公務員」「医療関係」「教師」「法律関係」の順だったようです。

調査対象者の人数は少ないのですが、この資料からも親が子どもには社会的地位が高く、安定した仕事に就いてほしいと望んでいることがよくわかります。

そして教師に根強い人気があるもう一つの要因は、やはり教師になるような人物はエリートとみなされる傾向が強いからです。

さて、韓日両国の小学生の望む職業についてもう少し触れておきます。

第一生命保険株式会社の二〇一六年度調査「大人になったらなりたいもの」では、第一位が男の子「サッカー選手」、女の子「食べ物屋さん」でしたが、一〇位までを書き出してみます。

〈男の子〉

1位　サッカー選手
2位　学者・博士
3位　警察官・刑事
4位　野球選手
5位　お医者さん
　　　食べ物屋さん
7位　大工さん
8位　水泳選手
9位　電車・バス・車の運転手

〈女の子〉

1位　食べ物屋さん
2位　保育園・幼稚園の先生
3位　学校の先生（習い事の先生）
4位　お医者さん
　　　看護士さん
6位　デザイナー
7位　飼育係・ペット屋さん・調教師
8位　美容師さん
9位　歌手・タレント・芸人

10位　飼育係・ペット屋さん
　　　調教師
　　　パイロット
10位　ダンスの先生・ダンサー・バレリーナ
　　　ピアノ・エレクトーンの先生
　　　ピアニスト
　　　薬剤師さん

一方、韓国は韓国教育部と韓国職業能力開発院の「子どもの進路教育現況調査」に基づきますが、日本のように男女の区別をつけていません。

〈小学生〉
1位　教師
2位　スポーツ選手
3位　医者
4位　料理人
5位　警察官

6位　法曹関係者
7位　歌手
8位　パティシエ
9位　科学者
10位　プロゲーマー

となっています。

韓国と日本の小学生では希望する職業傾向はある程度、共通している点もあるようです。また社会的に話題になっていたり、マスメディアから肯定的に取り上げられる職業に関心が集まるようです。ただ両国の子どもなりに異なる職業もあることがわかります。

韓国にあって日本で出ていない職業（一〇位以内）　○法曹《ほうそう》関係者　○プロゲーマー

日本にあって韓国で出ていない職業（一〇位以内）　○大工さん　○電車・バス・車の運転手　○デザイナー　○飼育係・ペット屋さん・調教師　○パイロット　○お医者さん　○美容師さん　○ダンスの先生・ダンサー・バレリーナ　○ピアノ・エレクトーンの先

生・ピアニスト　〇薬剤師さん　〇保育園・幼稚園の先生

アンケートでの問いかけ方法の違いもありますので断定できませんが、日本の子どもは未就学児童も含まれていますので、まだ夢の段階のような職業もあり、多種多彩のようです。韓国は対象が小学生だけですので、多少なりと現実味が加わっているようです。

興味深いのは、日本では「大工さん」「運転手」「美容師」など、決してエリートとは見られない職業が息長く一〇位以内に入っていることでしょう。

一方、韓国で目を引くのが「プロゲーマー」で、遊びだったはずのコンピューターゲームが立派な職業になって、現在ではそのＩＴ技能などが軍隊などでも注目され始めています。

子ども時代の夢がそのまま生かされた職業に就ける人はそう多くありません。それだけに幼いときの夢を手にすることができる人が一人でも多くなってほしいと望むのは私だけではないでしょう。特に韓国では、若者の就職難が深刻であるだけに、どのような職業であれ、自分の望んだ仕事に就けるのはすばらしいことに違いありません。

現実はなかなか思うようにはなりませんが、韓国、日本の子どもたちの夢が少しでもかなえられるようにと祈らずにいられません。

13 「先生様」と「さようなら」

「弊社の社長様が明日**お越しになります**」

「**お義父様**が私（嫁）からの誕生日プレゼントを**お受け取りになって**『ありがとう』と**おっしゃいました**」

いきなりですが、ゴシック部分の日本語の使い方、どうでしょうか。「日本語がわかっていない」「教養がない」と烙印を押されてしまいそうです。かく言う私なども、この手の間違いはそう珍しくないのですが。

ところが韓国では、この二つの表現は誰も文句のつけようのない、ごく自然体の表現なのです。ここには韓国と日本の「敬語」に対する考え方の違いがあります。

韓国語には日本語と同様に尊敬語や丁寧語の表現が少なくありません。そのため、時にはどう表現しようかと迷うことがあります。そして尊敬語に関しては、冒頭の文例でおわかりのように、日本語とはかなり大きな違いがあります。私が今でも韓国語と日本語がごっちゃになって、言い間違いをするのはそのためです。

韓日の尊敬語の使い方の違いをはっきりさせるために、冒頭の文を日本語として違和感のない表現にすれば、次のようになるでしょうか。

「弊社の社長が明日参ります」

「義父が私（嫁）からの誕生日プレゼントを受け取って『ありがとう』と言いました」

この違いが生じるのは韓国語は「絶対敬語」、日本語は「相対敬語」を使っているからなのです。

「絶対」とは、〝比べるものがない〟意ですから、「絶対敬語」とは、上下関係で上位の人（年齢、組織、親子など）のことを話題にする場合、話す相手が誰であっても尊敬語を使うという意味になります。

一方「相対」とは、〝比べるものがあり、両者が関わり合う〟意ですから、「相対敬語」

とは、上下関係で自分にとって上位の人のことを話題にしても、話す相手が誰かによって尊敬語ではなく、謙譲語など他の敬語をつかうという意味になります。

つまり韓国では、たとえ親のことであっても、話す相手にその行為を説明する場合には、冒頭のように「お受け取りになって」「おっしゃいました」という表現になります。日本語では、直接話す相手の存在を念頭に置いて、たとえ自分にとって上位の人物（両親や上司など）のことを話題にしても謙譲語を使い、自分側を低めて、へりくだった表現になるわけです。

日本語の敬語は常に話す相手を意識しながら使い分けますから、長年、日本で生活しているにもかかわらず、外国人の私には本当に難物です。韓国語の敬語用法は日本の方には奇異に映るかもしれませんが、慣れてしまえば日本語の敬語用法より単純だと思います。直接話す相手や「その場」を考えずに、話題となっている人物が尊敬語を使うべき対象であれば、すべて尊敬語でいいのですから。

「相対敬語」と「絶対敬語」の違いは、尊敬語を使う際の「自分」と「話す相手」と「話題にした人」への重きの置き方の違いということになるのでしょう。韓国の尊敬語では「自分」と「話題にした人」との〝上下関係〟を重く見ます。日本の尊敬語では「自分」と「話す相手」に重きが置かれ、「話題にした人」が「自分」より上位者であっても「話す相手」が重んじられ、上下関係より〝横の関係（あるいは内と外の関係）〟が重んじられると言っていいかもしれません。

　こうした〝上下関係〟を重んじる韓国には、「○○선생님（○○ソンセンニム）」という呼称があります。「선생（ソンセン）」は「先生」の意味で、「님（ニム）」は「様」です。ですから直訳すると「先生様」となります。日本でこのように呼びかけることはほとんどありませんし、むしろ〝変な表現〟になってしまいます。

　でも韓国では、学校の先生を呼ぶ場合には、「○○先生様」となります。会社でも上司から「○○課長」と役職名だけで呼ばれることはあっても、下位の者から上司を役職名だけで呼ぶことはまずありません。やはり「○○部長様（○○부장님）」となります。学校では「先生様《ソンセンニム》」で一つの単語のようになってしまっています。これに関連しますが、大学の先生を呼ぶ場合は「○○教授様（○○교수님）」となります。書面上などでも「○○教授様」とするのが一般的で、「○○先生様」と書くことはほとんどないだけでなく、相手

がたとえ「講師」「准教授」であっても「○○教授様」とします。ですから、私も今の職場では「准教授」ですが、韓国の留学生からは「延教授様（연교수님）」と呼びかけられますし、韓国からの郵便物やメールでも「教授様」と記されています。

日本では、この「先生」という呼称は、学校関係以外では病院関係、法曹界など特殊な知識や技能を持った人に使われるようです。もっとも国会議員などにも使われているようで、これは例外なのでしょうか。

一方、韓国での「先生」は日本とは違って、初対面で目上の人や年齢が上の人、さらには身分や職業がわからない人にも「先生」が使われます。商業店でのお客様に対しても「先生」と呼びかけることが少なくありません。

韓国語の「先生」は、日本語の「先生」の意味より中国語の「先生《シェンション》」の意味に近く、日本語にすれば「〜さん」に当たる用法でしょう。

日本で「先生」に「様」をつけると奇異な感じになりますが、韓国語の「先生様」には先生を敬う気持ちが込められていることがおわかりいただけたのではないでしょうか。

そこで、この「様」について日本語を少し追いかけてみますと、韓国語の「先生様」と同様の表現があることに気づかされます。たとえば、次のような言い方を奇異に感じる日本の方はいないと思います。

「お月様」「お日様」「神様」「仏様」「雷様」「お父様」「叔母様」

どれも対象に「畏敬、脅威、尊敬」といった感情が込められているからこそ、「様」がつけられていることがわかります。実はこれらの単語は韓国語でも「様」をつけて使われるのが一般的なのです。

「先生様（선생님）」は日本語として奇異に映っても、日本語のなかには「様」をつけて使い、しかもごく自然で、誰も違和感を抱かない表現もあるのです。つまり日本語と韓国語の「様」の用法は「畏敬、脅威、尊敬」といった、対象物を上位に置いた、同じ情緒や感情から生まれた表現であることがわかります。

そのほか韓国では、相手が目上の場合、あるいはあまり親しくなかったり、初対面の人に使う呼称があります。それは「씨（シ）」で、漢字では「氏」になります。日本でも「氏」は使いますが、少なくとも相手への呼びかけとして使うことはないようです。

日本語の「〜さん」に当たる「씨（シ）」ですが、苗字だけで使われることはなく、フ

ルネームのあとに「シ」をつけて呼びかけます。また日本と同じように新聞やテレビなどでは、フルネームのあとに「シ」をつけるのが一般的です。親しい目上の人には苗字を省いて、名前のあとに「シ」をつけて呼びかけることもあります。ただ最近ではこの「씨(シ)」に代わって「님(ニム)」、つまり「様」が使われるようになってきています。

ちょっと余計なことですが、韓国では苗字だけで相手を呼ぶことはほとんどありません。日本と比べて苗字の数が極端に少なく、同姓の人がたくさんいるからです。そのためフルネームで呼びかけ、書面でもフルネームで書きます。

漢字で表記すれば「先生」「様」「氏」ですが、韓日両国で使い方や意味が少しずつ違っています。ただ対象となる相手に失礼にならないようにという精神は同じだと言えそうです。

ところで、別れの挨拶でよく使う「さようなら」ですが、これも日本語表現とは大きく異なる場合があります。たとえば他人のお宅を訪問して帰るときなどがその典型です。送り出す人(家人)と帰る人(お客)とで、「さようなら」の表現が異なるのです。

「アンニョンヒ・ケセヨ(안녕히 계세요)」は、お客が言う「さようなら」です。そして

「アンニョンヒ・カセヨ（안녕히 가세요）」は、家人が言う「さようなら」です。
お客の「さようなら」を説明しますと、「アンニョンヒ」は漢字では「安寧に」で、「安らかで平和」という意味です。「ケセヨ（계세요）」は「イッタ（있다）居る」の敬語表現で、「いらっしゃる」の意味ですが、これは丁寧な命令形です。ですから、直訳しますと「安寧にしていてください」となります。

家人が言う「カセヨ（가세요）」も「カダ（가다）行く」が基本形で、これまた丁寧な命令形です。直訳すれば「安寧に行ってください」となります。

韓国語には丁寧な命令形表現がよく使われます。ですから「さようなら」が立場によって表現は異なりながら、どちらも丁寧な命令形になるのは決して不自然ではありません。ちなみに外出先でお互いが「さようなら」と言う場合は、それぞれ「カセヨ」を使いますから「行ってください」という意味になります。

日本では、「さようなら」には「さようなら」で応じればいいわけで、立場の違いで表現が変わるということはありません。そのため日本語から見ると、韓国語の「さようなら」は奇異に映るかもしれません。でも日本でも別れるとき、「さようなら」の代わりに

「お気をつけてお帰りください」「気をつけて帰ってね」などと、丁寧な命令口調で言うことも珍しくありません。

韓日の別れの表現にはどちらも相手の無事を祈りつつ、再会を願う気持ちが込められているようです。

あとがき

本書に収めた三十五篇の文章は、すべてメールマガジン『オルタ』に掲載されたものです。市民レベルの手作りメールマガジン『オルタ』の創刊は、二〇〇四年三月二十日でした。「三月二十日」となったのには理由があります。創刊よりちょうど一年前の二〇〇三年三月二十日、アメリカのブッシュ大統領がイラクとの戦争を開始した日に当たっていて、このイラク戦争開始日を忘れないために、という思いが込められていたのです。

このように『オルタ』は〝市民一人一人が戦争反対の意思を示し、一人一人が声を上げて平和を創る〟ことを目的として発信が始まったメールマガジンです。

発信開始から二〇一七年で十四年目を迎え、戦争の危機は薄れるどころか、ますます暗雲がその色を濃くして広がってきているようです。この間、『オルタ』は毎月二十日発信を守り続け、二〇一七年九月号で一六五号となり、今や毎号、世界から三万近いアクセスがあるほどになっています。

この『オルタ』と私との関わりは、代表者の加藤宣幸氏から間接的にでしたが、『オルタ』には、韓国について執筆していただける方がいないので、何か書いてくださいとのお誘いを受けたのが最初でした。二〇一四年のことでした。私などに何が書けるのかとても不安で、お誘いを受けてからもしばらくは迷っていました。

そのようなときに、韓国で悲惨な船舶事故が起きました。セウォル号沈没事故でした。私が日本に生活の場を持っていなかったとしたら、この事故について「書く」という衝動に駆られることはなかっただろうと今でも思っています。私にとって『オルタ』掲載の最初の文章となった「『セウォル号』沈没から思うこと」（『オルタ』一二七号、二〇一四年七月二十日）で、私は次のように書いています。

「来日して二十年余が過ぎた私にとって、韓国からのニュースでこれほど大きな惨事は記憶にないほどでした。

日本では韓国人として見られる私ですが、時たま帰国すると、周囲からは日本人とは思われないにしても、異質な韓国人と見られるようになっていて、私のなかにも『日本に帰る』という意識があるのは否めません。好むと好まざるとにかかわらず、日本の水に馴染んでしまっている私に、図らずも二方向から今回の惨事を見させることになりました。一つは、惨事そのものを知ろうとする韓国人の目。もう一つは、惨事に対する同胞たちの反応、対応を滞日韓国人として見る目でした」

この事故に対する同胞たちの動静をリアルタイムで見ているうちに、日本という場で、かなり客観的に韓国国内の反応や対応を見ている自分がいることに驚くと同時に、滞日韓国人として声を上げなければならないと思うようになりました。どのような声を上げたのかは本文をお読みいただければわかりますので、ここでは省略します。

こうして「セウォル号事故」が私に『オルタ』に韓国について何かを書いてみようと強く思わせ、結果的に加藤宣幸氏のお誘いにも応じるきっかけとなりました。

言い方を換えれば、韓国について書く私の姿勢を定めてくれたのが「セウォル号事件」だったと言えるでしょう。私が滞日二〇年以上になるからこそ見えてくる韓国が、韓国人が、韓国文化があることに気がついたのです。

たとえば、「旧暦」での生活があります。韓国という国から外に出ていなければ、あるいはたとえ国外に出ていても海を隔てた隣国で、同じ漢文化圏でなかったならば、韓国の「旧暦」にあらためて眼を向けることはなかっただろうと思います。

また食べ物についても、日本との比較という視点から韓国のそれらを見ますと、これまで私自身が気がつかなかったり、意識しなかったことが見えてくるようにもなりました。

こうして『オルタ』への投稿が五回目となった第一三二号からは、「槿《むくげ》と桜」というコラム欄を加藤宣幸氏が設けてくださいました。言うまでもありませんが、「槿」は韓国の国花ですし、「桜」は日本の国花ではありませんが、国花のように日本の方は大変馴染んでいます（ちなみに日本の国花は「菊」です）。加藤宣幸氏の韓国（人）との友好を深めたいという思いと、私への期待が込められているように感じられ、私には大きな励みとなりました。

今回一冊にまとめるにあたり、論創社の編集担当者からアドバイスをいただき、三つの大まかな項目に分類し、それぞれ、ほぼ執筆順に編集してあります。時間の経過に伴い、やや違和感を覚える記述になっている箇所もありました。そのため編集に際し、一部修正したり、その文章の末尾に一文をつけ加えたものもあります。

また今回の単行本化にあたり、全体の統一をとるために、『オルタ』発表時の文章を部分的に書き直したり、省略したりもしました。多少とも読みやすくなればという思いからです。

現在、韓国と日本の関係は残念ながら良いとは言えません。政治的な問題や課題をいくつも抱え、その解決の糸口どころか、話し合いの場さえ持てない状況に置かれています。おのずと民間レベルの交流にもその影が伸びてきています。このような両国のぎくしゃくとした関係を少しでも緩和させるために私にできることとなれば、日本の人びと、特に若い人びとに韓国という国を理解してもらうことだろうと思っています。

その意味では、『オルタ』に発表の場を与えていただいたことは大変ありがたく、加藤宣幸氏ほか編集者諸氏には感謝の気持ちでいっぱいです。

本書に収めた韓国に関わる文章は、どれもつたない内容ですが、これらを通してほんの少しでも韓国（人）や韓国文化の理解が深まり、日本と韓国の友好的な関係が育まれてい

く お役に立てればと願うばかりです。

最後になりましたが、本書の出版を快諾してくださいました論創社の森下紀夫社長にはお礼の言葉もありません。また編集者の永井佳乃氏にはいろいろお世話になり、森下社長にもご助言をいただきました。お二人に厚くお礼を申し上げます。

二〇一七年十一月三十日

延　恩株

❖著者略歴

延 恩株（ヨン・ウンジュ）

韓国ソウル特別市生まれ。大妻女子大学准教授。学術博士。主な研究領域は国際文化、環太平洋地域文化、日韓比較文化、韓国語教育。

2003年から桜美林大学、和泉短期大学非常勤講師を経て、2009年から桜美林大学専任講師。2013年から現職。

著書には、『太陽の神と空の神——韓国と日本：神話の世界と古代から』（論創社、2018年）、『速修韓国語　基礎文法編』（論創社、2017年）、『文化研究の新地平——グローバール時代の世界文化』（共著、はる書房、2007年）、『スウェーデンボルグを読み解く』（共著、春風社、2007年）、「韓国単語　韓国語カレンダー」（責任編集、石田総業、2010～2013年）ほかがある。

主要論文には、「儒教の宗教性に関する一考察——韓国と沖縄のシャーマニズムとの関連において」（『アジア文化研究』第10号、2003年）、「韓国のシャーマニズム——史的概観とムーダンの成巫過程」（『人体科学』第12巻１号、2003年）、「新羅の日神信仰の一考察——延烏郎・細烏女説話を中心に」（『アジア文化研究』第18号、2011年）などがある。

韓　国　近景・遠景

2018年５月12日　初版第一刷発行
2019年９月30日　初版第二刷発行

著　　者　延　恩株

発 行 者　森下紀夫

発 行 所　論 創 社
〒101－0051
東京都千代田区神田神保町２－23　北井ビル
tel. 03（3264）5254　fax. 03（3264）5232
web. http://www.ronso.co.jp/
振替口座　00160－1－155266

装　　幀　宗利淳一
編集・組版　永井佳乃
印刷・製本　中央精版印刷

ISBN978-4-8460-1666-1